작품으로, 소품으로 100% 활용하는

작고 아름다운
캐릭터 자수

가와바타 안나

세개의소원

Contents

이 책을 내기 전에 스위스 여행을 다녀왔습니다. 거리의 잡화점이나 옷집을 둘러보고는 아주 신선한 충격을 받았답니다. 어느 가게를 가든 컬러풀하고 체크나 스트라이프 등의 무늬를 멋스럽게 이용한 소품이 가득했습니다. 스위스만이 아니라 다른 유럽 나라를 방문해보면, 통통 튀는 귀여운 분위기의 가게들이 많습니다. 이 책은 이전에 출간된《안나의 작은 자수 도안》의 개정판으로, 이번 스위스 여행의 세계관을 담고자 새로운 사진과 도안으로 새롭게 단장했습니다. 여행지에서 받은 영감을 살린 작품을 만들며 참 즐거웠습니다. 이 책을 통해 여러분과 함께 그 즐거움을 나누고자 합니다.

annas 가와바타 안나

호두까기 인형 **눈의 왈츠 파우치**

How to make p.44

귀여운 의상을 입고 눈이 내리듯 춤추는 프리마돈나

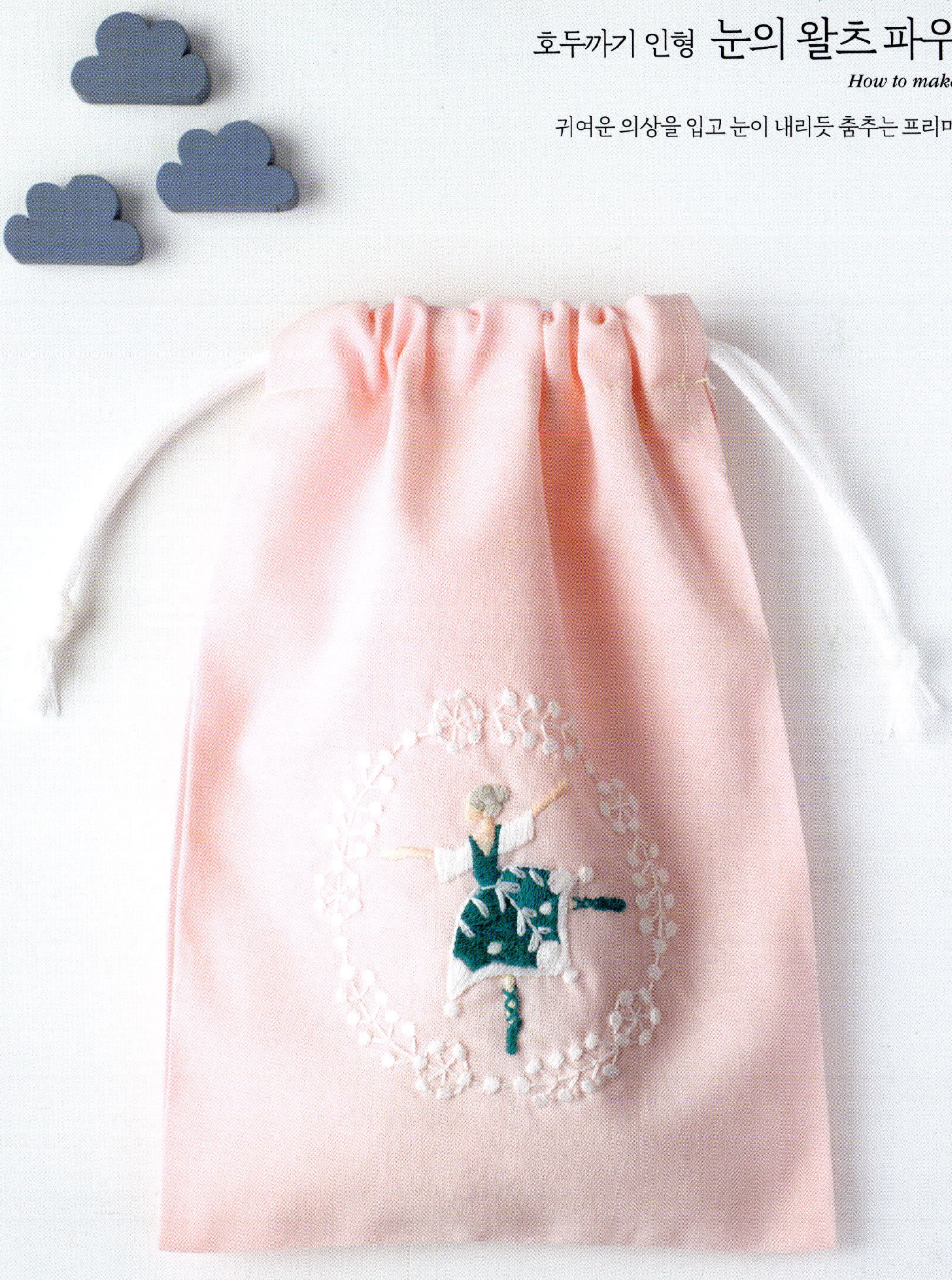

알프스 소녀 하이디

How to make p.46~47

요한나 슈피리(스위스)

실제 작품을 실물 크기로 게재합니다.

알프스 소녀 하이디 **자수 리본 테이프**

How to make p.45

스위스의 웅장한 자연 속, 생명력 넘치는 꽃과 동물들

실제 작품을 85% 축소해서 게재합니다.

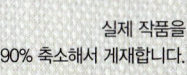

실제 작품을
90% 축소해서 게재합니다.

Hansel and Gretel

헨젤과 그레텔 실루엣 손수건

How to make p.51

무서운 마녀의 집에서 탈출해 기쁨의 춤을 추는 두 사람

체브라시카

How to make p.56~58

예두아르드 우스펜스키(러시아)

실제 작품을 실물 크기로 게재합니다.

The Bremen town musicians

브레멘 음악대 악기 파우치

How to make p.64

동물들이 요즘 악기를 연주한다면?

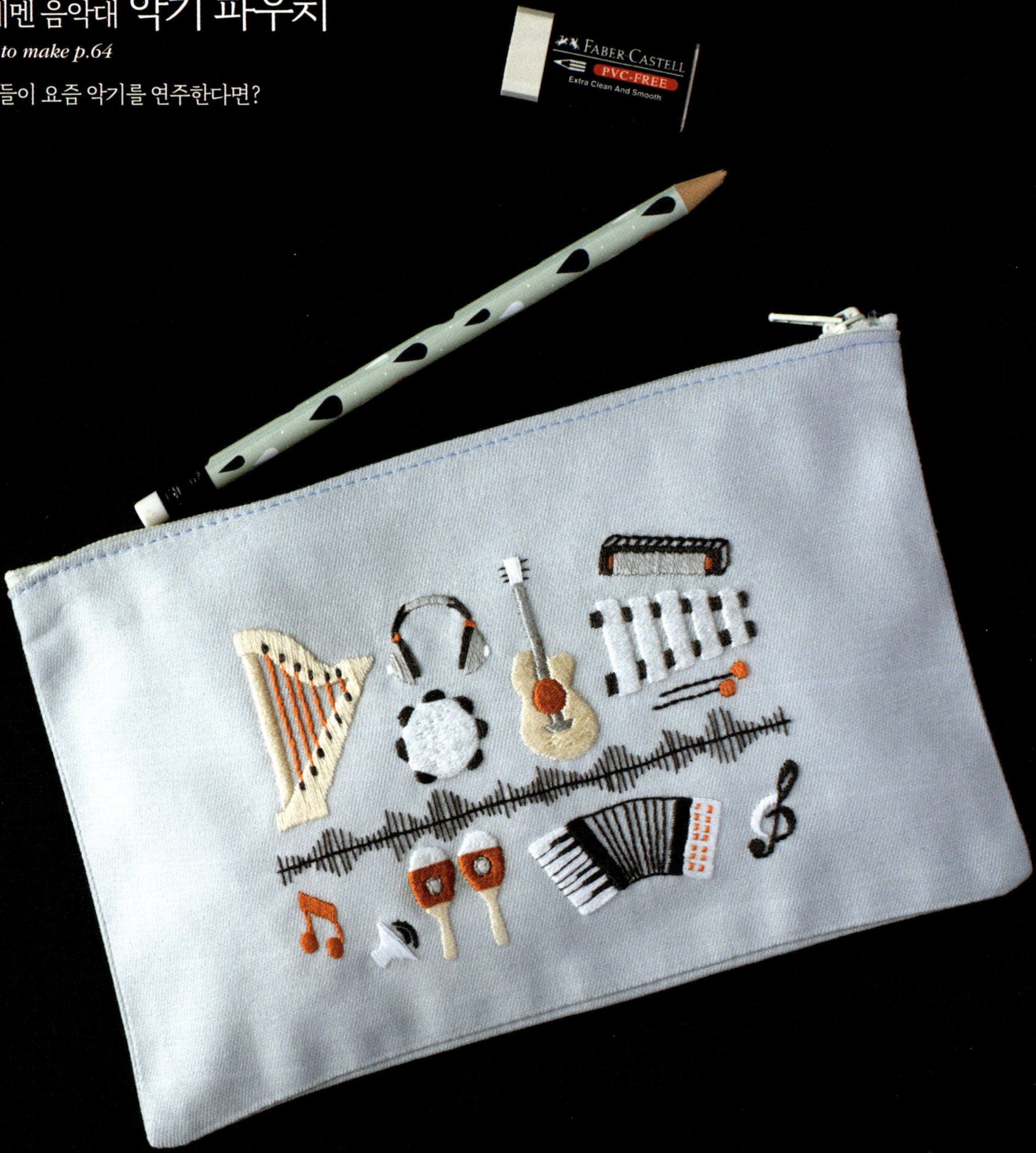

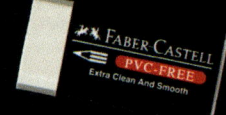

The Bremen town musicians

브레멘 음악대

How to make p.62~63

그림 형제(독일)

실제 작품을 실물 크기로 게재합니다.

피노키오의 모험 목수 도구 프레임

How to make p.65

피노키오를 만든 할아버지의 마음을 다양한 도구로 표현

좋아하는 언덕과 오솔길을 걸으며 즐거워하는 앤

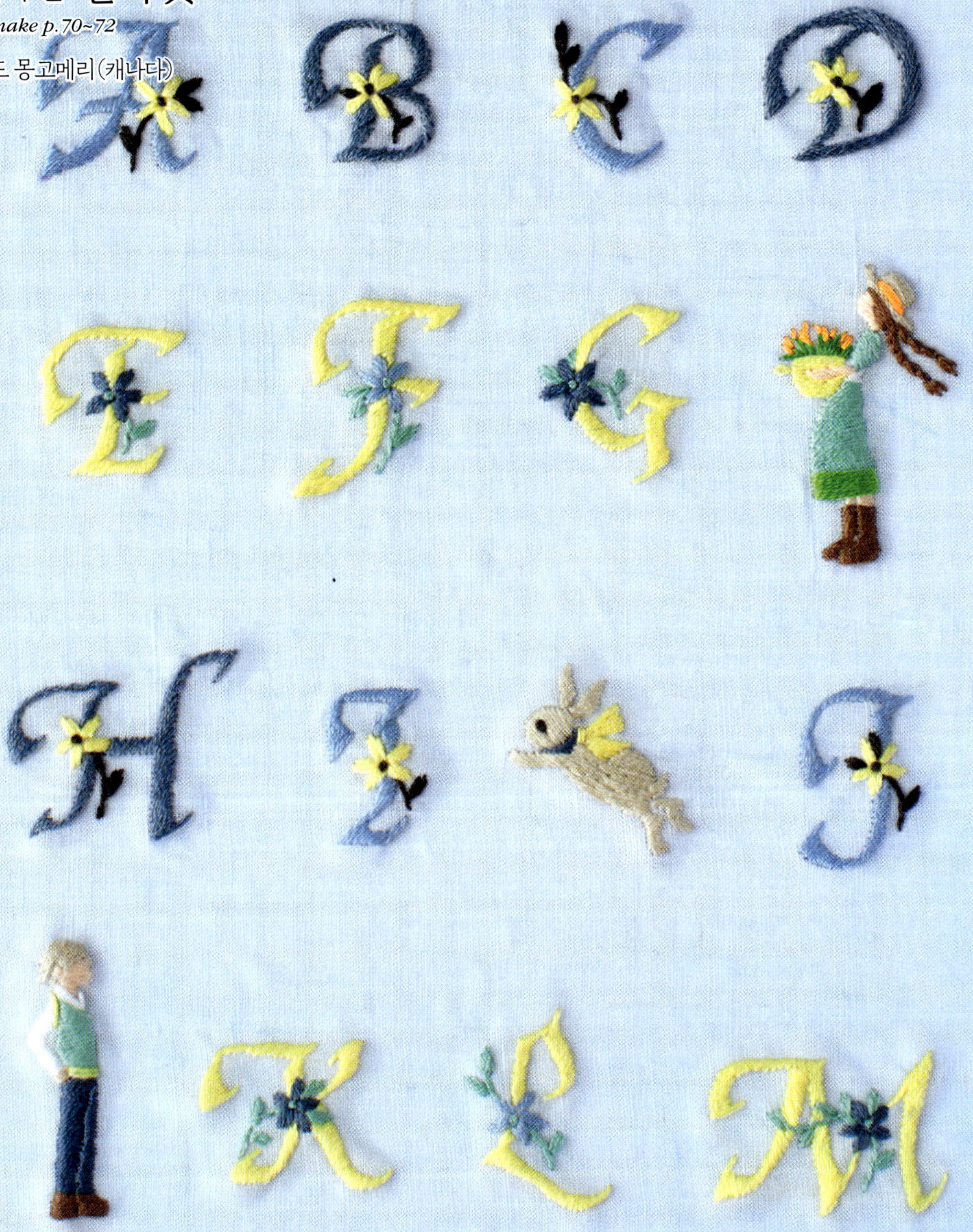

indian

MERMAID

MOUNTAINS

Peter Pan

피터팬 해적 심볼 참 장식

How to make p.76~77

후크 선장에게 몰래 다가가는 악어

snowdrop

dimorphotheca

cherry

blossoms

daisy

tropical fish

frog

실제 작품을 95% 축소해서 게재합니다

wild rose

mouse

crocus

geranium

swallow

campanula

mole

princess

flowers

실제 작품을 95% 축소해서 게재합니다

29

Alice in Wonderland
이상한 나라의 앨리스
How to make p.87~91

루이스 캐롤(영국)

실제 작품을 92%
축소해서 게재합니다

자수의 기본

기본 도구

A. 자수틀

수놓기 쉽게 천을 팽팽하게 잡아주는 틀. 직경 8~10cm가 사용하기 편합니다.

B. 가위

자수실을 자를 때 사용합니다. 끝이 뾰족한 가위가 사용하기 좋습니다.

C. 바늘과 시침핀

프랑스 자수 바늘을 사용합니다. 자수실의 가닥 수에 맞춰서 바늘을 선택합니다.

D. 25번사

이 책에서는 '코스모'라는 브랜드의 자수실(Lecien)을 사용합니다. 실은 60cm 정도로 자른 후 필요한 가닥 수 만큼 뽑아서 사용합니다. 브랜드에 따라 실의 색상 번호가 다르므로, 색상호환표를 참고하면 좋습니다.

E. 초크펜

천에 옮긴 도안이 흐릿할 때 초크펜을 사용해서 선명하게 그립니다. 이 책에서는 물에 지워지는 타입을 사용했습니다.

F. 철필

수예용 먹지나 초크 페이퍼를 사용해서 도안을 천에 옮길 때 사용합니다. 볼펜도 사용 가능합니다.

G. 수예용 먹지(단면 초크 페이퍼)

도안을 천에 옮길 때 사용합니다. 이 책에서는 물에 지워지는 타입을 사용했습니다.

사전 준비

도안 옮기기

❶ 초크 페이퍼의 잉크면이 아래를 향하게 천 위에 놓고 그 위에 도안을 올린 다음 철필로 따라 그린다.

❷ 천에 옮긴 도안에서 희미한 부분이 있으면 초크펜으로 그려 넣는다.

시작

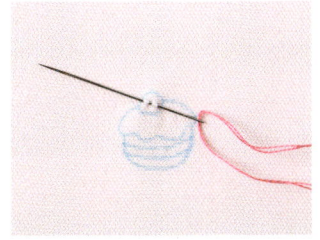

❶ 겉면의 도안 중앙에서 바늘을 넣어 2땀 홈질한다.

❷ 실 끝을 2cm 정도 남기고 한 땀만큼 되돌아가서 바늘을 꽂는다(이렇게 하면 실에 매듭이 생겨 잘 빠지지 않는다).

❸ 겉면에서 실 끝을 짧게 자른다. 위가 새틴 스티치로 덮이기 때문에 실끝은 보이지 않는다.

마무리

뒷면의 바늘땀에 2번 감은 다음 실을 자른다.

기본 스티치

스트레이트 스티치

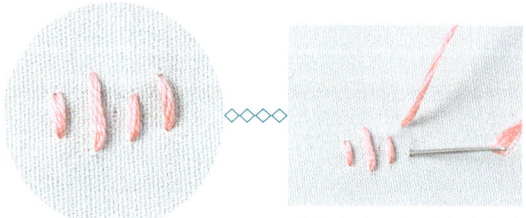

천에서 바늘을 빼서 일직선 이 되는 곳에 꽂는다.

백 스티치

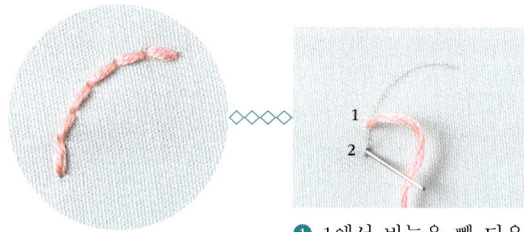

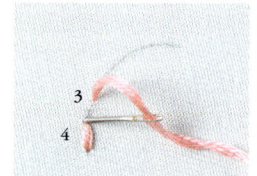

❶ 1에서 바늘을 뺀 다음 되돌아가서 2에 바늘을 꽂는다.

❷ 3에서 바늘을 뺀 다음 4(❶과 동일)에 바늘을 꽂는다. 이것을 반복한 다.

아우트라인 스티치

❶ 1에서 바늘을 빼서 2에 꽂는다.

❷ 3에서 바늘을 빼서 1과 2 사이에 꽂는다. 이때 실을 가르지 않도록 조 심한다.

❸ ❶과 ❷를 반복한다. 완 성된 모양이 마치 노끈 처럼 꼬여 있다.

새틴 스티치

 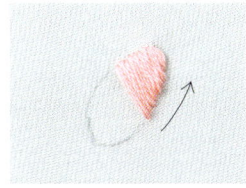 

❶ 수놓을 부분의 가운데 에 기준이 되는 1땀을 놓는다.

❷ 한쪽 면을 끝까지 다 채 운다.

❸ 반대쪽 면도 가운데부 터 끝쪽으로 수놓는다.

롱 앤드 쇼트 스티치

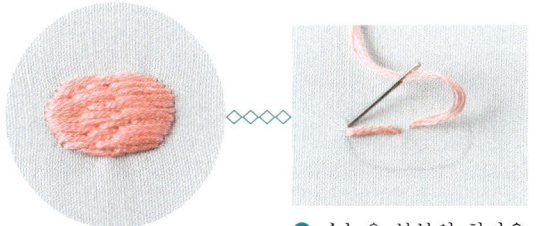  

❶ 수놓을 부분의 한가운 데에 기준이 되는 1땀 을 놓는다.

❷ 긴 땀과 짧은 땀을 번갈 아 가면서 같은 방향으 로 수놓고 다 채워지면 바늘을 앞으로 빼서 스 티치의 사이에 꽂는다.

❸ 빈틈이 안 보이도록 꼼 꼼하게 채운다.

체인 스티치

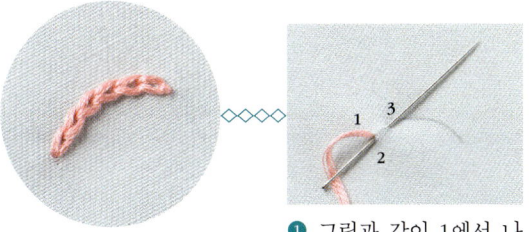 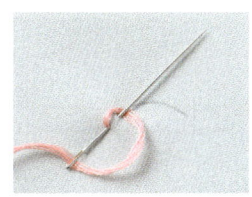 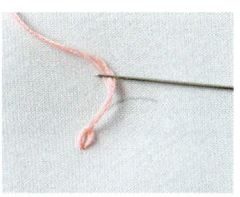

❶ 그림과 같이 1에서 나 와 2로 넣었다가 3으로 뺀다.

❷ 바늘에 실을 건다.

❸ 바늘을 뺀 상태. ❶과 ❷를 반복한다. 한 땀만 수놓을 때는 고리 바깥 쪽에 바늘을 넣어서 고 정한다.

프렌치 노트 스티치

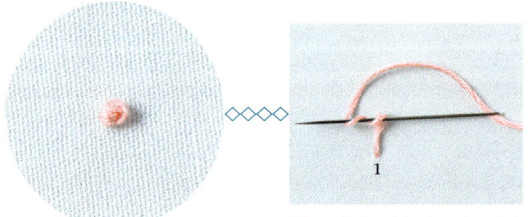

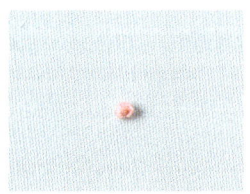

❶ 1에서 바늘을 빼 지정
 횟수만큼 실을 바늘대
 에 감는다. 사진은 2회
 감은 상태.

❷ 1에서 바늘을 빼서 2번
 위치에 꽂는다.

❸ 감은 실이 느슨해지지
 않도록 손가락으로 누
 르면서 바늘을 당긴다.

불리온 노트 스티치

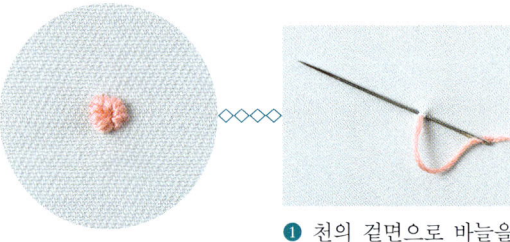

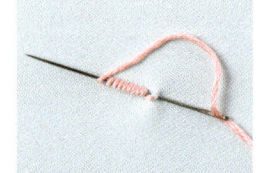

❶ 천의 겉면으로 바늘을
 빼서 천을 조금 떠준다.

❷ 바늘에 실을 약 10번 감
 는다.

❸ 감은 실이 느슨해지지 않
 도록 손가락으로 누르며
 바늘을 잡아 당긴다(사
 진은 바늘을 뺀 상태).

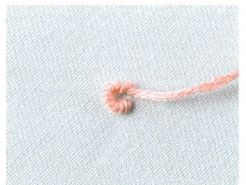

❹ 실을 더 당기면 감은 실
 이 동그랗게 된다.

❺ 바늘을 뺀 곳에 넣는다.

❻ 원의 가장자리, ❺의 반
 대쪽에서 바늘을 뺀 다
 음 중심에 바늘을 꽂아
 서 고정시킨다.

불리온 스티치

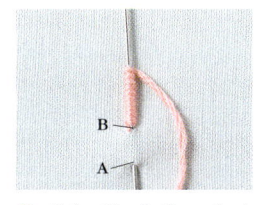

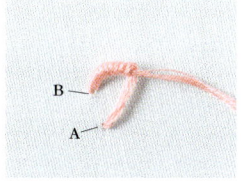

❶ 그림과 같이 바늘을 꽂는다.

❷ 실을 바늘에 약 10번 감는다.

❸ 감은 실이 느슨해지지 않도록 손가락으로 누르며 바늘을 잡아 당긴다(사신은 바늘을 뺀 상태).

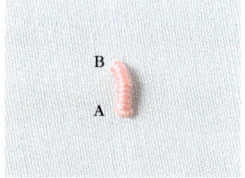

❹ A의 바로 옆에 바늘을 꽂는다.

카우칭 스티치

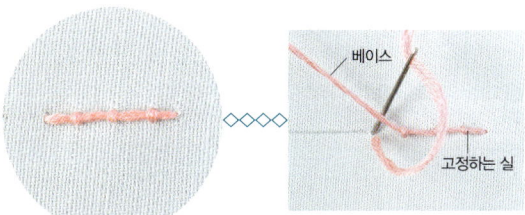

베이스

고정하는 실

도안에 따라 실을 고정한다(베이스가 되는 실과 고정하는 실용으로 2개 준비한다).

카우치드 트렐리스 스티치

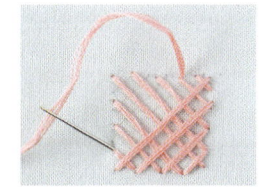

❶ 도안을 격자 모양으로 그리고, 동일한 방향의 사선을 모두 수놓는다.

❷ 이전 수놓은 것과 반대 방향의 사선을 모두 수놓는다.

❸ 교차 부분은 수평 방향으로 작게 고정한다.

새틴 스티치 원 포인트

새틴 스티치를 깔끔하게 놓는 방법

색칠하듯 면을 채워가는 것이 새틴 스티치입니다. 직선만 가능한 스티치로 복잡한 형태를 채울 때는 기준이 되는 가이드선 1줄(노란색 실)을 놓고, 그것을 기준으로 평행하게 수놓아서 채워갑니다. 삼각형이나 곡선인 면을 수놓을 때는 가이드 선을 먼저 수놓고 나서 그 사이를 채우듯 수놓으면 깔끔하게 완성됩니다.

1가지 색상으로 이웃한 다른 면을 놓는다

같은 색으로 다른 면을 수놓을 때는 이웃하는 면과 구분이 되도록 면마다 수놓는 방향을 다르게 하거나 틈을 줍니다. 이웃하는 면을 수놓을 때는 바늘 구멍을 새로운 만들지 않고 이미 수가 놓인 구멍을 사용합니다.

새틴 스티치에서
롱 앤드 쇼트 스티치로 바꾸는 시점

넓은 면적을 새틴 스티치로 수놓을 경우에는 한 땀 길이가 길어지면 실이 들떠서 바탕천이 보입니다. 한 땀 길이가 1cm 이상일 때는 수놓는 도중부터 롱 앤드 쇼트 스티치로 바꿉니다.

새틴 스티치의 방향이 약간 비뚤어졌을 때

실을 풀어서 다시 수놓을 수도 있지만 계속 수를 놓으면서 수정할 수도 있습니다. 2~3땀 앞에 한 땀을 수놓고 자연스럽게 스티치 방향이 평행이 되도록 채워갑니다. 평행하게 수놓는 것이 새틴 스티치의 기본이지만 방사상으로 조금씩 방향을 바꾸어가는 것은 괜찮습니다. 끝이 뾰족한 도안이나 커브가 많은 도안에 응용할 수 있습니다.

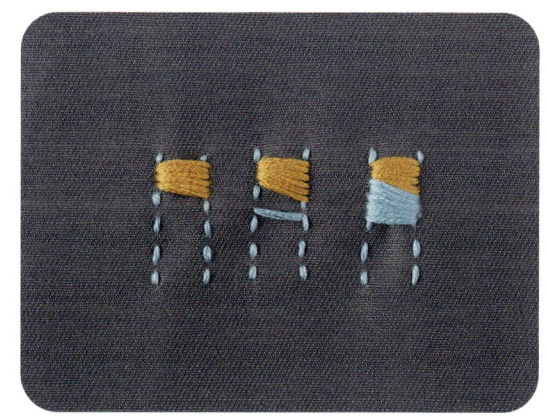

도안 보는법

원 숫자는 수놓는 순서

도안 게재 크기
표기가 없으면 실물 크기

작품명과
완성 작품 페이지

엄지공주 꽃 브로치 *Thumbelina*

Photo p.27

이 도안은 축소한 것입니다.
120% 확대해서 사용하세요.

[재료]

자수실

사용한 실의
색 번호와
도안의 색 표기

☐ 분홍색 ... 352
☐ 파란색 ... 375
☐ 녹색 ... 562
☐ 노랑색 ... 3297
☐ 흰색 ... 100
☐ 회색 ... 155

[수 놓기]

지정 이외 2가닥
지정 이외 새틴S

② 꽃잎 모두

③ 4가닥 프렌치 노트S 2번 감기
① 주변이 다 채워질 때까지 놓는다

① 3297

숫자는 실의 색 번호

가는 녹색 사선은
스티치 방향

굵은 녹색 사선은
스티치 시작 부분

❶
❷

○ 표지 배색
○ 속표지 배색

같은 도안을 다른 색으
로 작업한 표지와 속표
지의 자수실

긴 부분을 먼저 수놓고 이것을
가이드선으로 삼아 그 사이를 채운다.

S= 스티치의 줄임말

완성

도안은 따로 코멘트가 없으면 '실물 크기 게재'입니다.

실의 색 번호는 코스모 25번사(Lecien)의 색 번호입니다.

스티치를 놓는 방법은 34쪽의 기본 스티치를 참고하세요.

표지 실물 크기 도안

[수놓기]

각각의 게재 페이지를 참고하세요.

[재료]

자수실

☐ 흰색 ... 100

▨ 파란색 ... 165

☐ 연주황색 ... 341

▨ 갈색 ... 476

◯ 분홍색 ... 504

▨ 녹색 ... 562

▼ p.47

▲ p.47

▲ p.86

◀ p.43

▼ p.69

▲ p.56

▲ p.65

▲ p.46

▲ p.47

41

호두까기 인형 The Nutcracker

Photo p.4

[재료]

자수실

☐ 흰색 ... 100
☐ 연주황색 ... 341
　분홍색 ... 2111
▨ 녹색 ... 902
☐ 연노란색 ... 297
■ 검정색 ... 895
▨ 파란색 ... 255

[수놓기]

지정 이외 2가닥
지정 이외 새틴S

줄무늬나 좌우 연속무늬는 동일한 색상을 이어서 수놓으면 좋다.

6가닥 스트레이트S

스트레이트S를 나란히 3줄 수놓아 별 모양으로

스트레이트S

아웃라인S

[수놓기]

모두 2가닥

지정 이외 새틴S

● 호두까기 인형과 클라라

[재료]

자수실

☐ 흰색 ... 100

☐ 연주황색 ... 341

　분홍색 ... 2111

■ 녹색 ... 902

☐ 연노란색 ... 297

■ 검정색 ... 895

■ 파란색 ... 255

○ 표지 배색(클라라)

자수실

흰색 ... 100

연주황색 ... 341

갈색 ... 476

분홍색 ... 504

연녹색 ... 562

※ 스티치 방향은 표지 사진 참고

● 호두까기 인형과 생쥐

[재료]

자수실

☐ 흰색 ... 100

☐ 연주황색 ... 341

☐ 분홍색 ... 2111

☐ 노란색 ... 297

■ 검정색 ... 895

■ 파란색 ... 255

■ 녹색 ... 902

● 발레리나

[재료]

자수실

☐ 연주황색 ... 341

　분홍색 ... 2111

☐ 노란색 ... 297

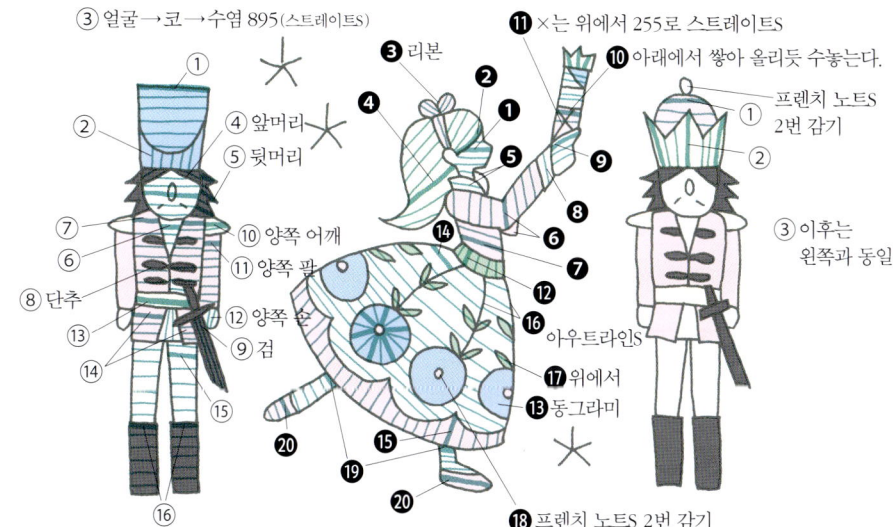

③ 얼굴→코→수염 895 (스트레이트S)

④ 앞머리

⑤ 뒷머리

⑩ 양쪽 어깨

⑪ 양쪽 팔

⑫ 양쪽 손

⑨ 검

⑧ 단추

❸ 리본

❷

❶

❹

❺

⑭

❽

❻

❼

⑫

⑯ 아웃트라인S

⑰ 위에서

⑬ 동그라미

⑳

⑲

⑮

⑳

⑱ 프렌치 노트S 2번 감기

⑪ ×는 위에서 255로 스트레이트S

⑩ 아래에서 쌓아 올리듯 수놓는다.

① 프렌치 노트S 2번 감기

②

③ 이후는 왼쪽과 동일

❾

※ ⑭ 는 ⑯ 의 아웃트라인S를 놓기 쉽도록 틈을 만들면서 놓는다

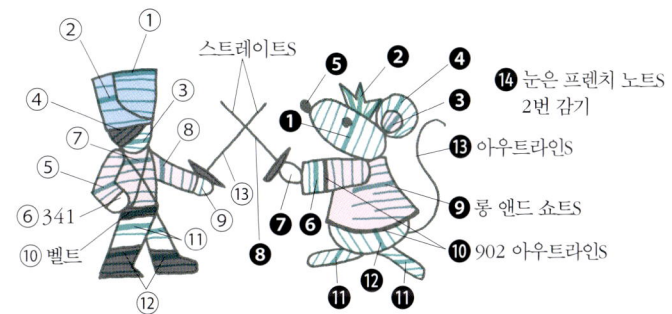

스트레이트S

⑥ 341

⑩ 벨트

⑬ 옷의 ×는 895로 스트레이트S

❺ ❷ ❹

❸

❶

⑭ 눈은 프렌치 노트S 2번 감기

⑬ 아웃트라인S

❾ 롱 앤드 쇼트S

⑩ 902 아웃트라인S

❼ ❻

❽

⑪ ⑫ ⑪

※ 오른쪽 발레리나도 동일한 방법으로 수놓는다

호두까기 인형 **눈의 왈츠 파우치** *The Nutcracker*

Photo p.5

● **사탕 요정의 춤**

[재료]

자수실

□ 흰색 ... 100
▨ 녹색 ... 902
▨ 연회색 ... 712(머리카락)
□ 연주황색 ... 341

[수놓기]

지정 이외 2가닥
지정 이외 새틴S

[크기]

가로 14.5cm × 세로 20cm
(복주머니)

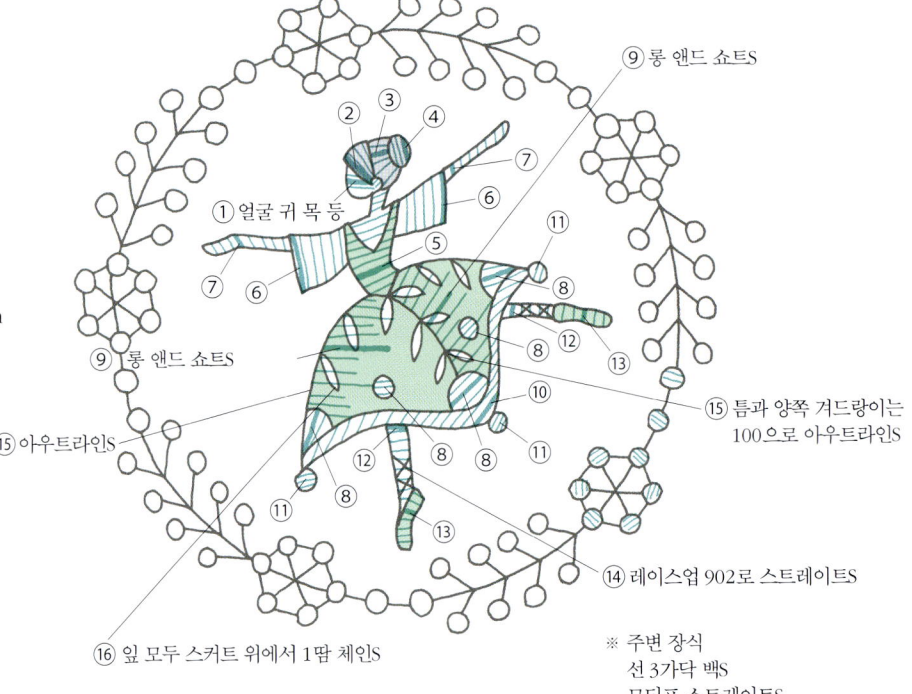

⑨ 롱 앤드 쇼트S

① 얼굴 귀 목 등

⑨ 롱 앤드 쇼트S

⑮ 아웃트라인S

⑮ 틈과 양쪽 겨드랑이는 100으로 아웃트라인S

⑭ 레이스업 902로 스트레이트S

⑯ 잎 모두 스커트 위에서 1땀 체인S

※ 주변 장식
선 3가닥 백S
모티프 스트레이트S

인물 자수의 요령

보기에는 어렵게 느껴질 수도 있지만 인물은 부분별로 나누어져 있어서 균형 잡기가 생각보다 어렵지 않습니다. 인물을 수놓을 때는 같은 색상끼리 수를 놓는 것이 아니라 면을 기준으로 생각합니다. 한 면을 메우고 나서 그것을 기준으로 옆으로 옆으로 수를 놓으며 형태를 조절합니다. 도면의 번호는 이 규칙에 따라 순서대로 넣었습니다. 수를 놓다 보면 도안과 실제 모양이 안 맞는 경우가 종종 발생합니다. 이럴 때는 도중에 억지로 도안에 맞추려고 하지 말고 초크펜으로 도안을 수정합니다. 그대로 따라하기보다 지금 자신이 수놓고 있는 작품의 균형을 맞춰가면서 작업하는 것이 인물 자수를 잘 놓는 요령입니다.

알프스 소녀 하이디 자수 리본 테이프 Heidi, a Girl of the Alps

Photo p.7

● 꽃/동물

[재료]　　　　　　　　　[수놓기]

자수실　　　　　　　　지정 이외 2가닥

☐ 흰색 ... 100　　　　　지정 이외 새틴S

　노란색 ... 3299

　연회색 ... 2151

　진회색 ... 154

■ 검정색 ... 600

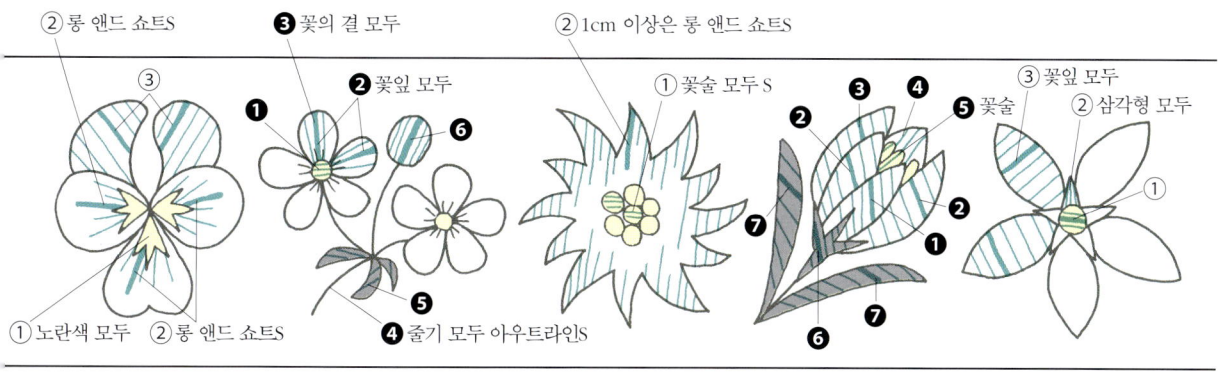

② 롱 앤드 쇼트S　　③ 꽃의 결 모두　　② 1cm 이상은 롱 앤드 쇼트S

③　　② 꽃잎 모두　　① 꽃술 모두 S　　③ ④　③ 꽃잎 모두

⑥　　③　④　⑤ 꽃술　　② 삼각형 모두

②　⑤　②　①

⑦　②

① 노란색 모두　② 롱 앤드 쇼트S　⑦　①

⑤　⑥

④ 줄기 모두 아웃트라인S

비올라　　제비꽃　　에델바이스　　크로커스　　니베리우스

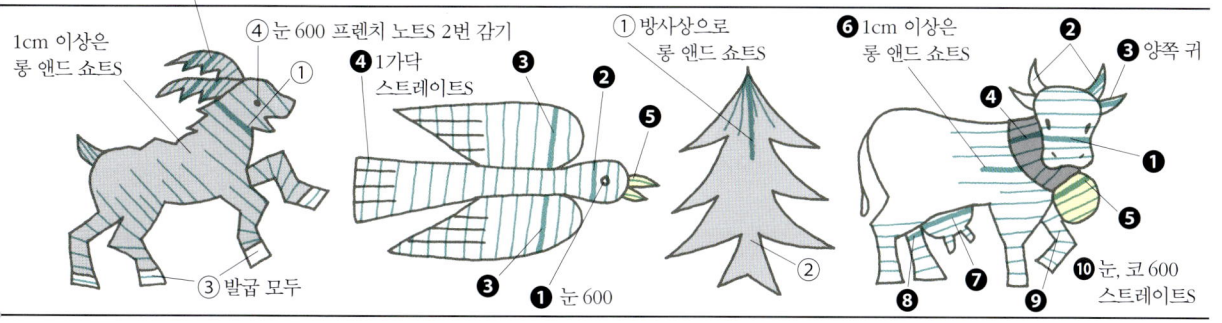

② 뿔
긴 부분을 놓고 가이드선으로
삼아 그 사이를 채운다

1cm 이상은　④ 눈 600 프렌치 노트S 2번 감기　① 방사상으로　⑥ 1cm 이상은　②
롱 앤드 쇼트S　　①　　롱 앤드 쇼트S　　롱 앤드 쇼트S　③ 양쪽 귀

④ 1가닥　③　②　　⑥　④
스트레이트S　　⑤　　①

③　　⑤

③ 발굽 모두　③ 눈 600　② 　⑦　⑩ 눈, 코 600
① 눈 600　　　　⑧　⑨　스트레이트S

염소　　비둘기　　전나무　　소

45

알프스 소녀 하이디 Heidi, a Girl of the Alps

Photo p.6

[수놓기]

모두 2가닥

지정 이외 새틴S

● **클라라와 하이디**

● **피터, 요셉, 아기양**

[재료]

자수실

☐ 흰색 ... 100

☐ 연주황색 ... 341

▨ 빨간색 ... 345

▨ 연갈색 ... 714

☐ 연노란색 ... 3297

▨ 녹색 ... 2535

　연녹색 ... 562

▨ 진회색 ... 155

◯ **표지 배색(하이디)**

자수실

흰색 ... 100

연주황색 ... 341

갈색 ... 476

분홍색 ... 504

연녹색 ... 562

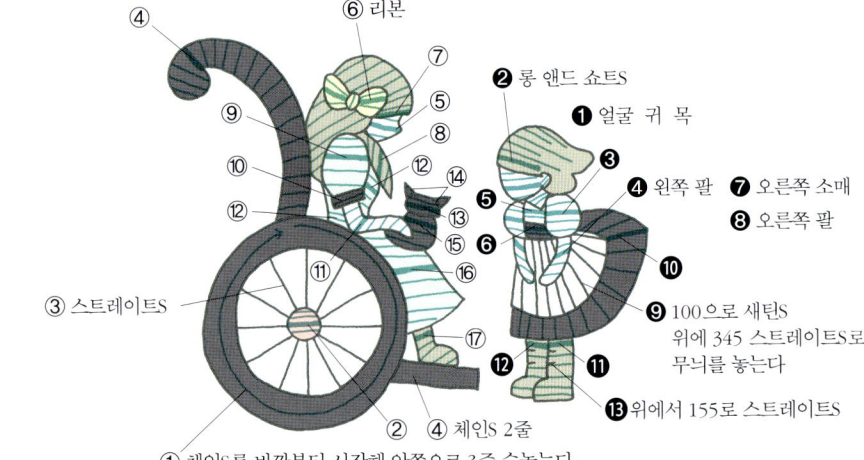

④ 체인S 2줄

① 체인S를 바깥부터 시작해 안쪽으로 3줄 수놓는다

⑥ 리본

❷ 롱 앤드 쇼트S

❶ 얼굴 귀 목

❸

④ 왼쪽 팔　❼ 오른쪽 소매

❽ 오른쪽 팔

❿

❾ 100으로 새틴S 위에 345 스트레이트S로 무늬를 놓는다

⑬ 위에서 155로 스트레이트S

③ 스트레이트S

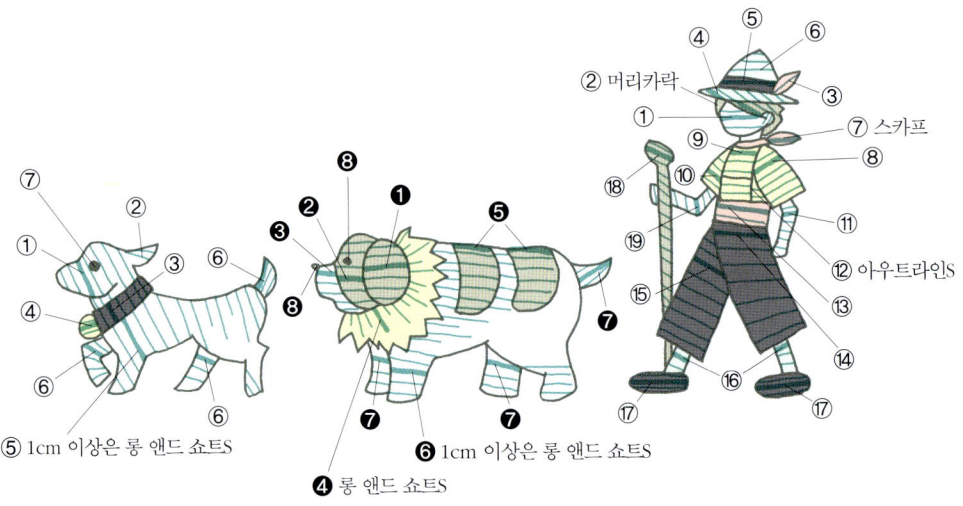

⑤ 1cm 이상은 롱 앤드 쇼트S

❹ 롱 앤드 쇼트S

❻ 1cm 이상은 롱 앤드 쇼트S

② 머리카락

⑦ 스카프

⑫ 아우트라인S

자수실

- ☐ 흰색 ... 100
- ☐ 연주황색 ... 341
- ▨ 빨간색 ... 345
- ▨ 연갈색 ... 714
- ☐ 연노란색 ... 3297
- ▨ 녹색 ... 2535
- ☐ 연녹색 ... 562
- ■ 진회색 ... 155

○ **표지 배색**(주변 장식, 비둘기)

자수실

흰색 ... 100   분홍색 ... 504
파란색 ... 165   연녹색 ... 562

③ 프렌치 노트S 2번 감기

⑤ 스트레이트S

❷ 소용돌이 부분 아우트라인S

체인S

① 체인S 2줄

헨젤과 그레텔 Hansel and Gretel

Photo p.9

이 도안은 축소한 것입니다.
120% 확대해서 사용하세요.

[재료]

자수실

- ☐ 흰색 ... 100
- ☐ 베이지 ... 140
- ▨ 오렌지 ... 145
- ▨ 연갈색 ... 307
- ☐ 연주황색 ... 341
- ▨ 갈색 ... 369
- ☐ 노란색 ... 700
- ■ 검정색 ... 895
- ▨ 연녹색 ... 2317
- ▨ 빨간색 ... 2343

[수놓기]

지정 이외 2가닥
지정 이외 새틴S

⑦ 프렌치 노트S 2번 감기
⑥ 잎 모두
④ 꽃 모두
①
②
③ 카우치드 트렐리스S
베이스 2가닥, 고정실 1가닥
⑤ 아우트라인S

③ 잎 모두
④ 프렌치 노트S 2번 감기
① 꽃 모두
② 아우트라인S

[수놓기]

지정 이외 2가닥, 지정 이외 새틴S

● 과자집

[재료]

자수실

베이지 ... 140
갈색 ... 369
검정색 ... 895
빨간색 ... 2343

② 체인S
④
⑥ 스트레이트S
①
⑤
③

● 헨젤과 그레텔

[재료]

자수실

흰색 ... 100
오렌지 ... 145
연갈색 ... 307
연주황색 ... 341
갈색 ... 369
검정색 ... 895
연녹색 ... 2317
빨간색 ... 2343

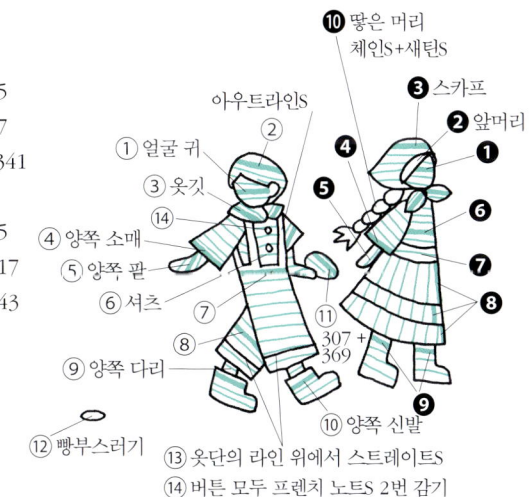

⑩ 땋은 머리
체인S+새틴S
❸ 스카프
아우트라인S
② ❷ 앞머리
① 얼굴 귀
❹ ❶
③ 옷깃 ❺
⑭ ❻
④ 양쪽 소매 ❼
⑤ 양쪽 팔 ❽
⑥ 셔츠
⑦ ⑪
⑧ 307 +
369
⑨ 양쪽 다리 ❾
⑩ 양쪽 신발
⑫ 빵부스러기
⑬ 옷단의 라인 위에서 스트레이트S
⑭ 버튼 모두 프렌치 노트S 2번 감기

● 부엉이

[재료]

자수실

베이지 ... 140
연갈색 ... 307
갈색 ... 369
검정색 ... 895
연녹색 ... 2317

● 파르페

[재료]

자수실

흰색 ... 100
연갈색 ... 307
오렌지 ... 145
갈색 ... 369
노란색 ... 700
연녹색 ... 2317
빨간색 ... 2343

⑥ 1가닥 369
아우트라인S
③
⑤
②
④
①
⑦
⑧
⑨
⑩ 스트레이트S
⑪

⑦ 눈은 프렌치 노트S 2번 감기
①
②
⑪ 가지 아우트라인S
잎 새틴S
③ 롱 앤드 쇼트S
위에서 140으로 스트레이트S
⑥
⑩ 가지 아우트라인S
잎 새틴S
⑤
④
⑧
⑨ 발은 스트레이트S

헨젤과 그레텔 Hansel and Gretel

Photo p.9

[수놓기]

모두 2가닥, 지정 이외 새틴S

● 마녀 할머니

[재료]

자수실

연갈색 ... 307
연주황색 ... 341
갈색 ... 369
검정색 ... 895
연녹색 ... 2317
빨간색 ... 2343

● 핫케이크

[재료]

자수실

베이지 ... 140
연갈색 ... 307
노란색 ... 700
검정색 ... 895
연녹색 ... 2317
빨간색 ... 2343

① 얼굴
② ③
④ 모자 리본
⑤ 롱 앤드 쇼트S
⑥
⑫ 위에서 스트레이트S
⑧ 소매
⑬ 손
⑭
⑮ 테두리 아우트라인S 받침 새틴S
⑯ 체인S 1땀
⑰ 손
⑱ 지팡이
⑳ 스트레이트S
⑦
⑲ 아우트라인S
⑨
⑩ 양쪽 다리
⑪ 양쪽 신발

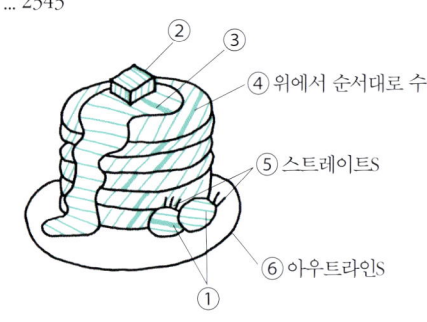

② ③
④ 위에서 순서대로 수놓는다
⑤ 스트레이트S
⑥ 아우트라인S
①

● 쇼콜라

[재료]

자수실

오렌지 ... 145
갈색 ... 369
검정색 ... 895
연녹색 ... 2317

● 컵케이크

[재료]

자수실

오렌지 ... 145
연갈색 ... 307
검정색 ... 895
연녹색 ... 2317
빨간색 ... 2343

④ 아우트라인S를 2줄 수놓는다
②
③
①
⑤ 줄무늬는 동일한 색상을 이어서 수놓으면 좋다

① 오렌지 모두
②
③
④
⑤
⑦ 아우트라인S
⑥ 위에서 아우트라인S를 2줄 수놓는다

헨젤과 그레텔 실루엣 손수건 Hansel and Gretel

Photo p.10

[재료]

자수실

■ 파란색 ... 255

[수놓기]

모두 2가닥

지정 이외 새틴S

[크기]

31×31cm(손수건)

아우트라인S

아우트라인S

1cm 이상은 롱 앤드 쇼트S

[수놓기]

모두 2가닥

지정 이외 새틴S

● 시폰케이크

[재료]

자수실

베이지 ... 140

연갈색 ... 307

연녹색 ... 2317

빨간색 ... 2343

○ p. 1 속표지 배색

자수실

물색 ... 523

갈색 ... 578

빨간색 ... 798

흰색 ... 2500

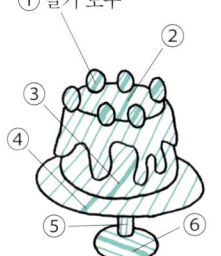

① 딸기 모두

②

③

④

⑤ ⑥

● 바바루아

[재료]

자수실

베이지 ... 140

오렌지 ... 145

노란색 ... 700

연녹색 ... 2317

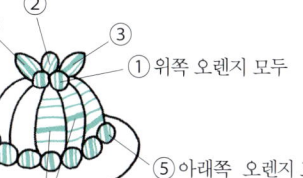

④ ②

③

① 위쪽 오렌지 모두

⑦ 아우트라인S

⑤ 아래쪽 오렌지 모두

⑥ 줄무늬는 동일한 색상을 이어서 수놓으면 좋다

성냥팔이 소녀
The Little Match Girl
Photo p.8

[재료]

자수실

☐ 연노란색 ... 297
☐ 연주황색 ... 341
■ 빨간색 ... 344
☐ 물색 ... 372
☐ 베이지 ... 681
■ 갈색 ... 687
☐ 녹색 ... 843
☐ 파란색 ... 2253
☐ 흰색 ... 2500

[수놓기]

지정 이외 2가닥
지정 이외 새틴S

○ **p.1 속표지 배색**(꽃 장식)

자수실

물색 ... 523
빨간색 ... 798
흰색 ... 2500

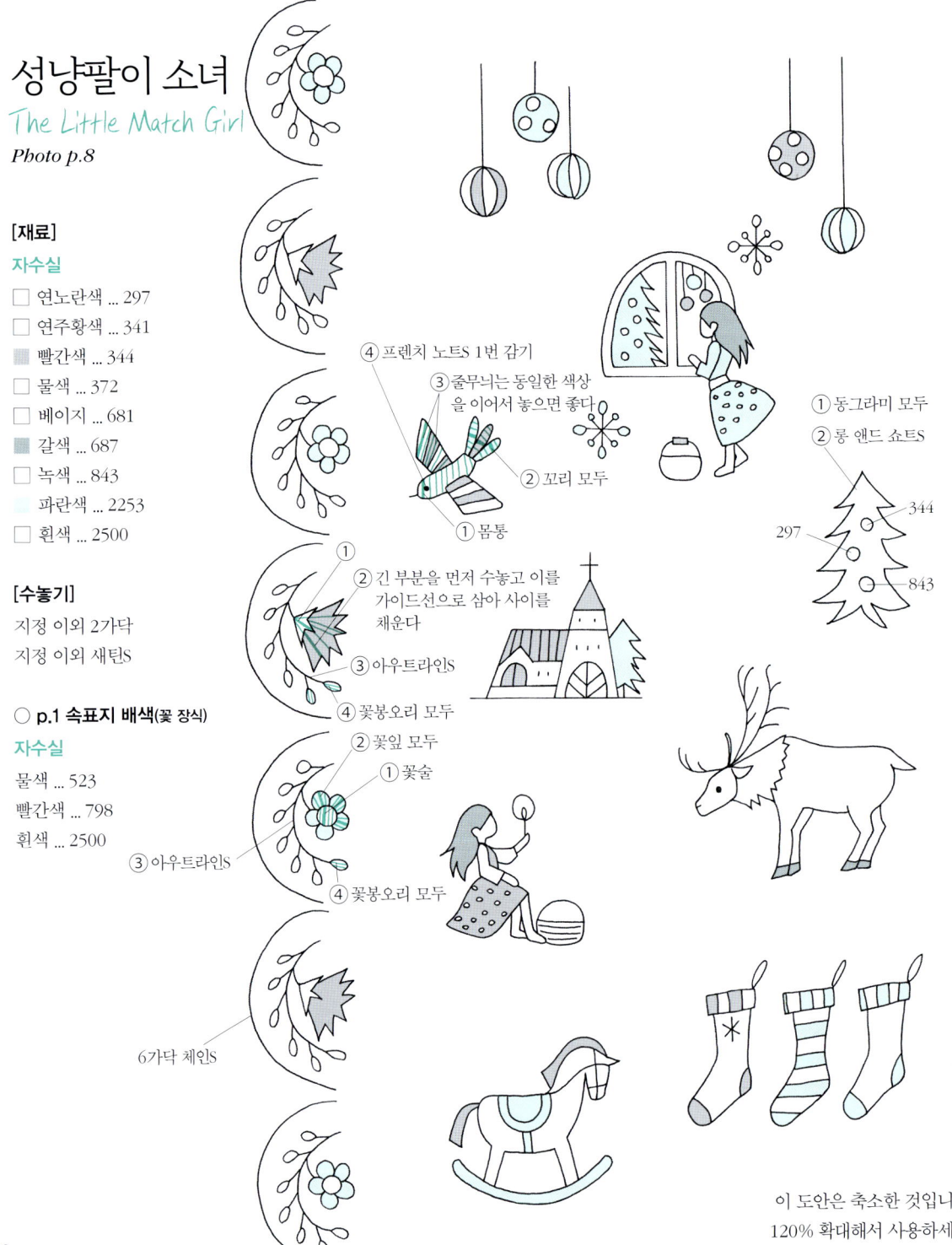

④ 프렌치 노트S 1번 감기
③ 줄무늬는 동일한 색상을 이어서 놓으면 좋다
② 꼬리 모두
① 몸통

① 동그라미 모두
② 롱 앤드 쇼트S

344
297
843

① 긴 부분을 먼저 수놓고 이를 가이드선으로 삼아 사이를 채운다
② 긴 부분을 먼저 수놓고 이를 가이드선으로 삼아 사이를 채운다
③ 아우트라인S
④ 꽃봉오리 모두

② 꽃잎 모두
① 꽃술
③ 아우트라인S
④ 꽃봉오리 모두

6가닥 체인S

이 도안은 축소한 것입니다.
120% 확대해서 사용하세요.

52

[수놓기]

지정 이외 2가닥, 지정 이외 새틴S

● 교회

[재료]

자수실
- □ 연노란색 ... 297
- ▨ 빨간색 ... 344
- ▨ 갈색 ... 687
- ▨ 파란색 ... 2253
- □ 흰색 ... 2500

⑨ 창문 무늬 스트레이트S
⑧ 스트레이트S
⑦ 344 새틴S 위에서 687로 스트레이트S
③
②
⑪ 롱 앤드 쇼트S
⑥
⑤
⑫ 스트레이트S
④ 297
① 297 새틴S 위에서 스트레이트S
⑩ 스트레이트S

● 크리스마스 창문

[재료]

자수실
- □ 연노란색 ... 297
- □ 연주황색 ... 341
- ▨ 빨간색 ... 344
- ▨ 갈색 ... 687
- ▨ 파란색 ... 2253
- □ 흰색 ... 2500

⑭ 장식 모두
⑮ 스트레이트S
⑯ 새틴S 스트레이트S 프렌치 노트S 2번 감기
⑬ 롱 앤드 쇼트S
⑫ 동그라미 모두 프렌치 노트S 2번 감기
⑪
② 롱 앤드 쇼트S
① 얼굴 귀 목
④
③
⑤ 몸통 벨트
⑥ 롱 앤드 쇼트S
⑩ 손잡이 중앙 새틴S 양옆 아우트라인S
⑨
⑧
⑦ 위에서 스트레이트S로 무늬를 놓는다

● 성냥팔이 소녀

[재료]

자수실
- □ 연노란색 ... 297
- □ 연주황색 ... 341
- □ 물색 ... 372
- ▨ 빨간색 ... 344
- ▨ 갈색 ... 687
- □ 흰색 ... 2500

① 얼굴 귀 목
⑭ 백S
⑬
⑫ 스트레이트S
② 롱 앤드 쇼트S
⑦ 손
⑥ 소매
⑤ 가슴
③
④
⑧ 롱 앤드 쇼트S
⑪ 바구니 본체 카우칭S
(베이스 2가닥, 고정실 2가닥)
→ 손잡이 아우트라인S
⑨ 위에서 스트레이트S로 무늬를 놓는다
⑩ 양쪽 다리

● 토나카이

[재료]

자수실
- □ 베이지 ... 681
- ▨ 갈색 ... 687
- □ 흰색 ... 2500

② 뿔 아우트라인S
④ 681 1cm 이상은 롱 앤드 쇼트S
③
⑦ 눈 새틴S 코 스트레이트S
① 롱 앤드 쇼트S
⑤
⑤
⑥ 발굽 모두

성냥팔이 소녀 *The Little Match Girl*

Photo p.8

[수놓기]

모두 2가닥, 지정 이외 새틴S

● **장식**

[재료]

자수실

- ▦ 빨간색 ... 344
- ▦ 갈색 ... 687
- ▢ 파란색 ... 2253
- □ 흰색 ... 2500

● **목마**

[재료]

자수실

- ▦ 빨간색 ... 344
- ▢ 파란색 ... 2253
- □ 흰색 ... 2500

● **양말**

[재료]

자수실

- □ 연노란색 ... 297
- ▦ 빨간색 ... 344
- ▢ 파란색 ... 2253
- □ 흰색 ... 2500

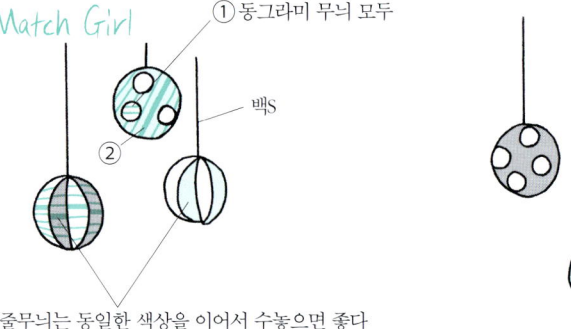

① 동그라미 무늬 모두

백S

②

줄무늬는 동일한 색상을 이어서 수놓으면 좋다

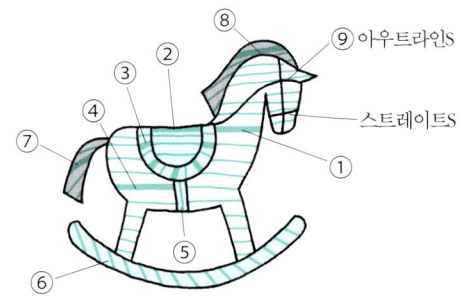

⑨ 아우트라인S

스트레이트S

③과 ⑥은 방사상과 사선으로 각각 가이드선을 놓은 다음 그 사이를 채운다

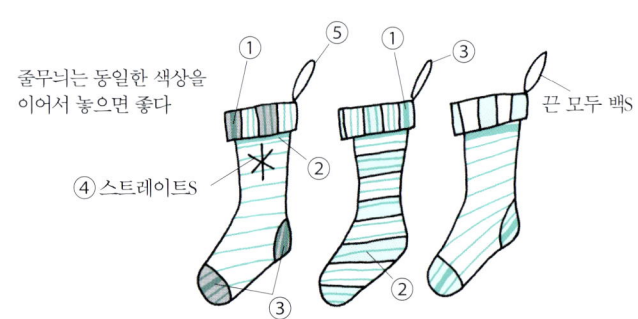

줄무늬는 동일한 색상을
이어서 놓으면 좋다

④ 스트레이트S

끈 모두 백S

새틴 스티치와 롱 앤드 쇼트 스티치의 전환

기본적으로 면을 채울 때는 새틴 스티치를 사용하지만 넓은 면에는 롱 앤드 쇼트 스티치를 사용합니다. 새틴 스티치를 수놓다가 한 땀 길이가 1cm 이상으로 길어지면 도중에 롱 앤드 쇼트 스티치로 바꿉니다.

좁은 면에서 넓은 면으로 이어서 수를 놓을 때는 도중에 새틴 스티치에서 롱 앤드 쇼트 스티치로 방법을 전환하기도 합니다.

성냥팔이 소녀 성탄 프레임 The Little Match Girl

Photo p.11

[재료]

자수실

- ☐ 흰색 ... 100
- ☐ 연주황색 ... 341
- ▨ 진녹색 ... 537
- ▨ 노란색 ... 820 (머리카락, 바구니)
- ▨ 검정색 ... 895
- ☐ 빨간색 ... 2343
- ▨ 연녹색 ... 2535

[수놓기]

모두 2가다
지정 이외 새틴S

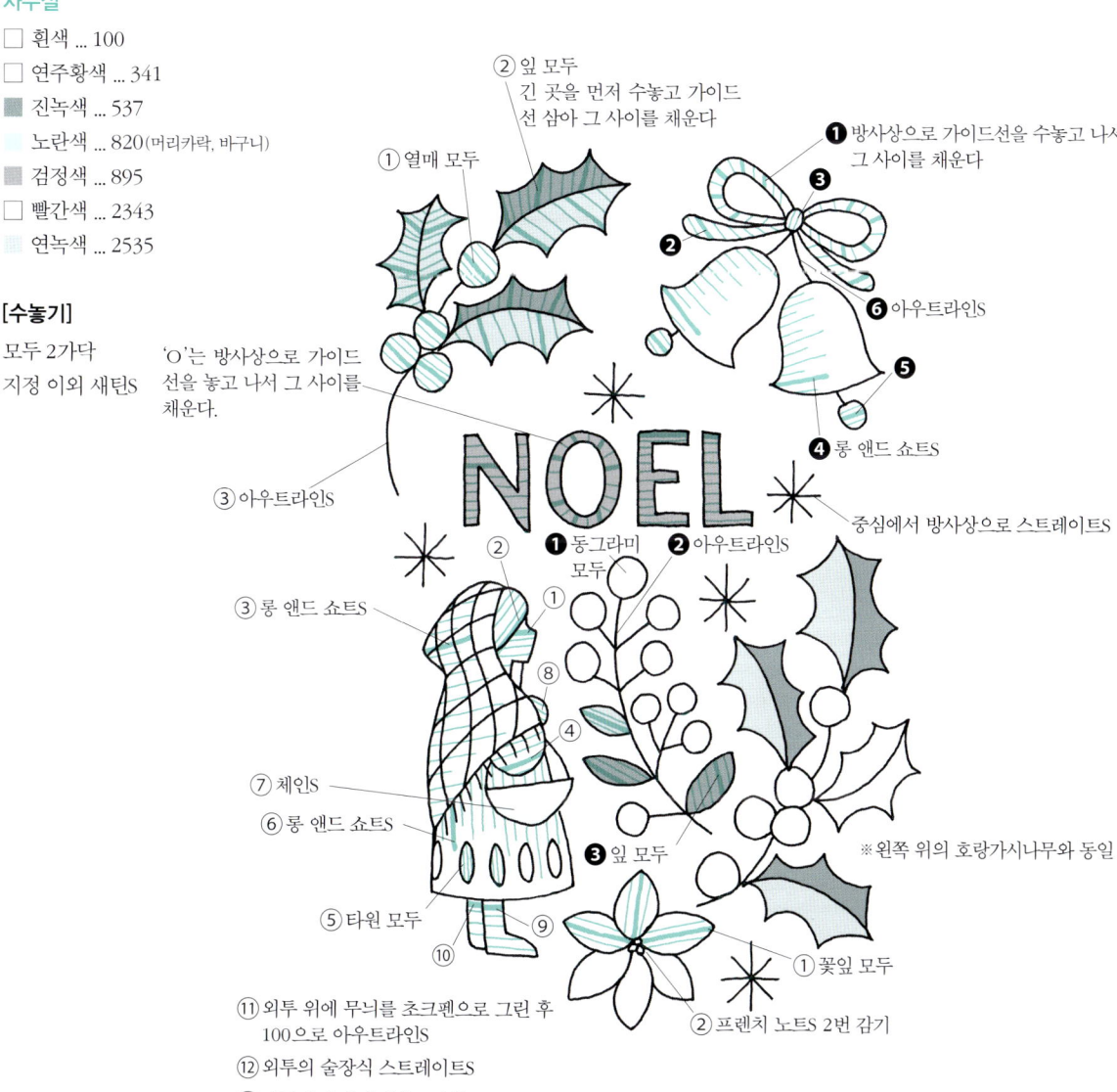

② 잎 모두
긴 곳을 먼저 수놓고 가이드
선 삼아 그 사이를 채운다

① 열매 모두

❶ 방사상으로 가이드선을 수놓고 나서
그 사이를 채운다

❸

❷

❻ 아우트라인S

❺

'O'는 방사상으로 가이드
선을 놓고 나서 그 사이를
채운다.

❹ 롱 앤드 쇼트S

③ 아우트라인S

중심에서 방사상으로 스트레이트S

② ①

❶ 동그라미
모두

❷ 아우트라인S

③ 롱 앤드 쇼트S

⑧

④

⑦ 체인S

⑥ 롱 앤드 쇼트S

❸ 잎 모두

※왼쪽 위의 호랑가시나무와 동일

⑤ 타원 모두

⑨

⑩

① 꽃잎 모두

⑪ 외투 위에 무늬를 초크펜으로 그린 후
100으로 아우트라인S

② 프렌치 노트S 2번 감기

⑫ 외투의 술장식 스트레이트S

⑬ 바구니 손잡이 아우트라인S

체브라시카 *Cheburashka*

Photo p.12~13

[수놓기]
모두 2가닥, 지정 이외 새틴S

● 체브라시카와 팽이
[재료]
자수실
- ☐ 연주황색 ... 341
-    빨간색 ... 344
- ☐ 파란색 ... 375
- ▨ 갈색 ... 578
- ▨ 검정색 ... 600
- ☐ 흰색 ... 2500

○ 표지 배색
자수실
연주황색 ... 341
갈색 ... 476
분홍색 ... 504

● 서커스
[재료]
자수실
- ▨ 파란색 ... 166
- ▨ 노란색 ... 299
- ☐ 빨간색 ... 344
- ▨ 갈색 ... 578
- ☐ 베이지 ... 681
- ☐ 흰색 ... 2500

● 샤포클라크 할머니와 애완쥐 라리스카
[재료]
자수실
- ☐ 회색 ... 152A
- ☐ 연주황색 ... 341
- ☐ 빨간색 ... 344
- ☐ 갈색 ... 578
- ▨ 검정색 ... 600
- ☐ 베이지 ... 681
- ☐ 흰색 ... 2500

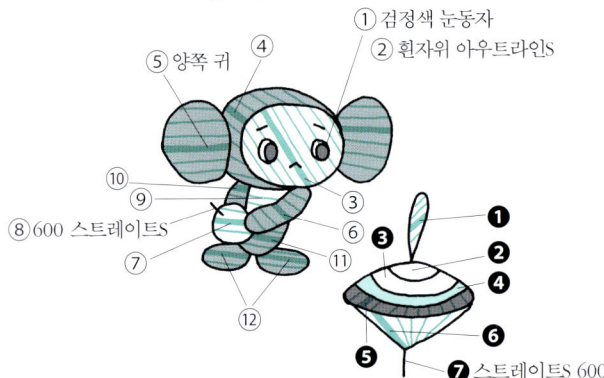

⑬ 눈썹 코 1가닥 스트레이트S
① 검정색 눈동자
② 흰자위 아우트라인S
⑤ 양쪽 귀
④
⑩
⑨
③
⑧ 600 스트레이트S
⑥
❸
⑦
⑪
⑫
❶
❷
❹
❻
❺
❼ 스트레이트S 600

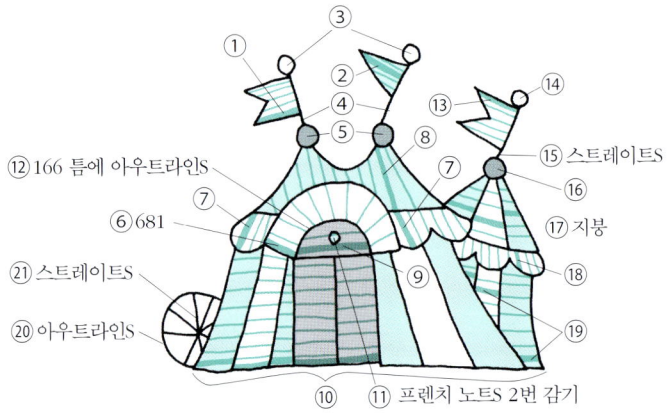

③
①
②
④
⑬
⑭
⑤
⑧
⑫ 166 틈에 아우트라인S
⑦
⑦
⑮ 스트레이트S
⑯
⑥ 681
⑰ 지붕
㉑ 스트레이트S
⑨
⑱
⑳ 아우트라인S
⑲
⑩
⑪ 프렌치 노트S 2번 감기
⑩ ⑰ ⑲ 줄무늬는 동일한 색상을 이어서 수놓으면 좋다

① 모자
⑳ 눈 프렌치 노트S 2번 감기
⑱
③
㉑ 입
⑲ 프렌치 노트S 2번 감기
②
④ 스카프 모두
⑤
⑩
⑪
⑥
⑫
⑯ 아우트라인S 152A
⑦
⑮ 578
⑧ 가슴→스커트 순서로
❸ 프렌치 노트S 1번 감기
❹ 344 스트레이트S
⑬ 양쪽 다리
⑭ 양쪽 신발
❶
❷ 손, 발, 귀 모두
⑨
⑰ 가방의 금속 장신구 152A 프렌치 노트S 2번 감기,
물림쇠 600 스트레이트S

● 귤 상자에 들어간 체브라시카

[재료]

자수실

오렌지 ... 145
☐ 연주황색 ... 341
☐ 빨간색 ... 344
파란색 ... 375
갈색 ... 578
검정색 ... 600
베이지 ... 681
☐ 흰색 ... 2500

● 사자 챈들

[재료]

자수실

빨간색 ... 344
☐ 갈색 ... 578
검정색 ... 600
베이지 ... 681
☐ 오렌지 ... 2402
☐ 흰색 ... 2500

● 체브라시카의 청소

[재료]

자수실

☐ 노란색 ... 269
☐ 연주황색 ... 341
파란색 ... 375
갈색 ... 578
검정색 ... 600
☐ 흰색 ... 2500

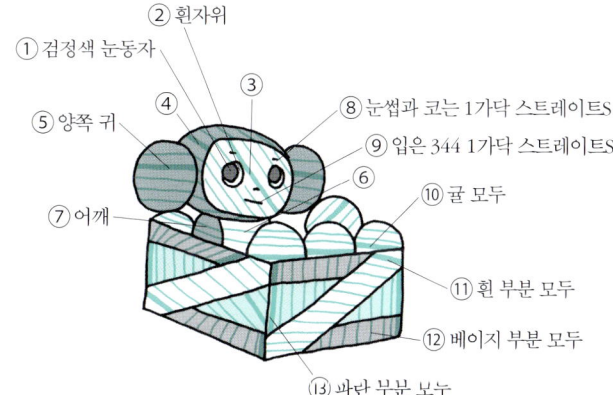

① 검정색 눈동자
② 흰자위
③
⑤ 양쪽 귀
④
⑦ 어깨
⑧ 눈썹과 코는 1가닥 스트레이트S
⑨ 입은 344 1가닥 스트레이트S
⑥
⑩ 귤 모두
⑪ 흰 부분 모두
⑫ 베이지 부분 모두
⑬ 파란 부분 모두

⑲ 눈썹 스트레이트S
③
① 검정색 눈동자
② 흰자위 아우트라인S
⑦
④
⑧ 롱 앤드 쇼트S
⑤
⑦ 백S
⑥
⑨ 머플러
⑱ 2500 아우트라인S
⑩ 681S
⑯
⑰ 2500
⑪
⑫ 681
⑳ 옷은 위에서 681
1가닥으로 체크무늬를
수놓는다
⑬ 681
⑭ 양쪽 다리 681
⑮ 양쪽 신발

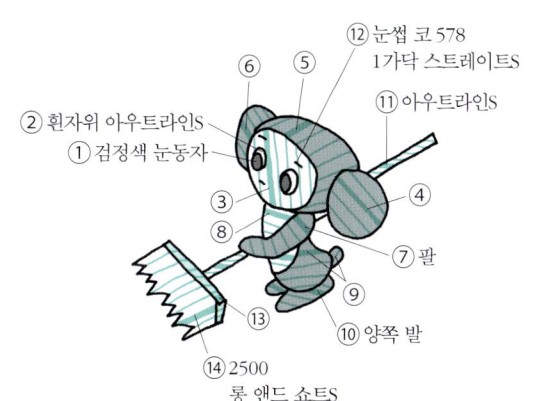

⑫ 눈썹 코 578
1가닥 스트레이트S
⑥
⑤
② 흰자위 아우트라인S
⑪ 아우트라인S
① 검정색 눈동자
③
④
⑧
⑦ 팔
⑨
⑬
⑩ 양쪽 발
⑭ 2500
롱 앤드 쇼트S

체브라시카 *Cheburashka*

Photo p.12~13

[수놓기]
모두 2가닥, 지정 이외 새틴S

● 체브라시카와 악어 게나
[재료]
자수실
☐ 노란색 ... 269
☐ 연주황색 ... 341
　 빨간색 ... 344
☐ 파란색 ... 375
▨ 갈색 ... 578
▨ 검정색 ... 600
☐ 흰색 ... 2500
○ 속표지 체브라시카도 동일한 배색

● 갈랴
[재료]
자수실
☐ 연주황색 ... 341
▨ 파란색 ... 375
　 베이지 ... 681 (머리카락)
☐ 검정색 ... 600
☐ 흰색 ... 2500

● 강아지
[재료]
자수실
▨ 오렌지 ... 145
▨ 검정색 ... 600
☐ 흰색 ... 2500

● 고양이
[재료]
자수실
　 회색 ... 152A
☐ 빨간색 ... 344
▨ 파란색 ... 375
▨ 진회색 ... 475
☐ 흰색 ... 2500

❷ 흰자위 아웃트라인S
❶ 검정색 눈동자
❸ 341
❹
❺ 양쪽 귀
❻
❾
❽
❾
❶❶
❼ 스트레이트S
❿
❼
❶❷ 눈썹 코 입 스트레이트S

② 흰자위 아웃트라인S
① 검정색 눈동자
④
⑤
⑬
⑫
⑥
③
⑧ 옷깃과 셔츠
⑦ 나비 넥타이
⑨
⑭ 프렌치 노트S 2번 감기
⑩ 손
⑪ 재킷 양쪽 옷기장
⑮
⑯

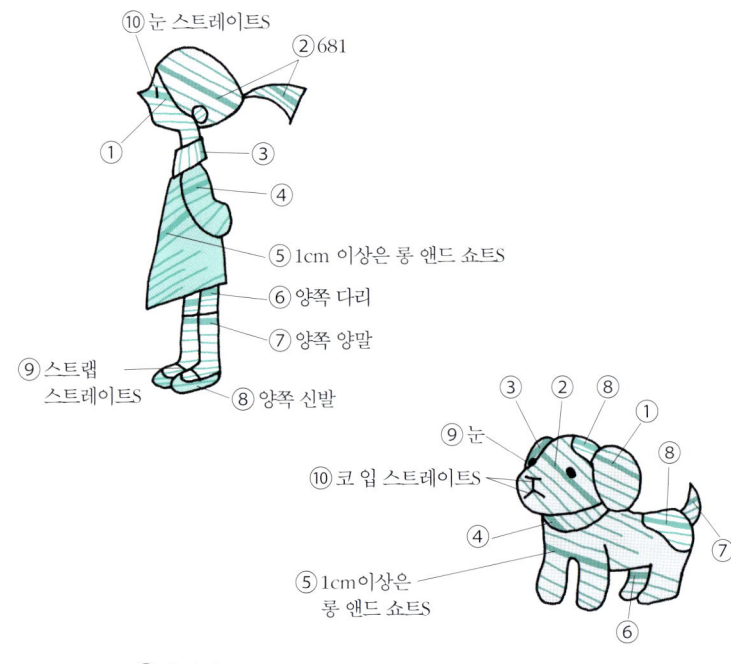

⑩ 눈 스트레이트S
② 681
①
③
④
⑤ 1cm 이상은 롱 앤드 쇼트S
⑥ 양쪽 다리
⑦ 양쪽 양말
⑨ 스트랩 스트레이트S
⑧ 양쪽 신발

③ ② ⑧ ①
⑨ 눈
⑧
⑩ 코 입 스트레이트S
④
⑦
⑤ 1cm이상은 롱 앤드 쇼트S
⑥

④ 귀 바깥쪽
⑤ 귀 안쪽
③
② 흰자위 아웃트라인S
① 양쪽 눈
⑨ 무늬 위에서 아웃라인S
⑩ 코 새틴S 입 스트레이트S
⑥
⑦
⑧ 방사상으로 가이드선을 놓고 나서 그 사이를 채운다

어린왕자 여행의 시작 프레임 *The Little Prince*

Photo p.15

[재료]

자수실

- ☐ 흰색 ... 100
- ☐ 진분홍색 ... 106
- ☐ 연노란색 ... 297
- ☐ 연주황색 ... 341
- ▧ 물색 ... 373
- ▦ 하늘색 ... 521A
- ▩ 연녹색 ... 533
- ▨ 검정색 ... 600

[수놓기]

지정 이외 2가닥
지정 이외 새틴S

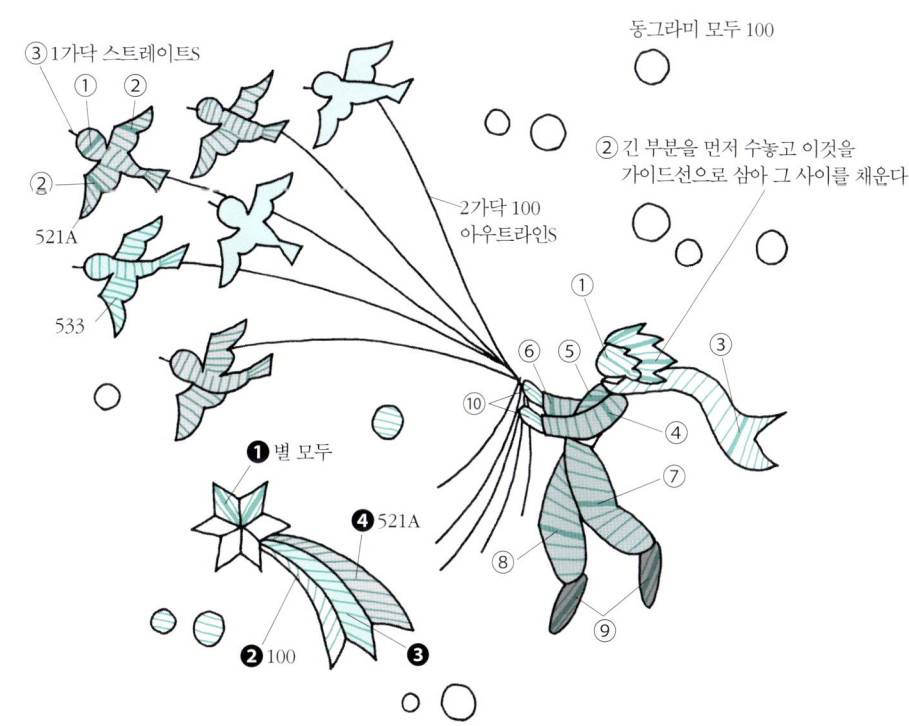

③ 1가닥 스트레이트S

동그라미 모두 100

② 긴 부분을 먼저 수놓고 이것을
가이드선으로 삼아 그 사이를 채운다

521A

2가닥 100
아우트라인S

533

❶ 별 모두

❹ 521A

❷ 100

❸

천과 실 선택

◇◇

기본적으로는 어떤 천이든 상관없습니다. 하지만 바늘이 잘 안 들어가는 캔버스 천, 올이 성긴 삼베나 거즈보다는 조직이 치밀한 트윌, 브로드, 옥스포드와 같은 천이 수놓기 쉽습니다. 자수실은 흰색에 가까울수록 실수가 눈에 잘 띄기 때문에 자신이 없을 때는 진한 색의 실을 선택하면

좋습니다.
위에 소개한 '여행의 시작 프레임'은 천의 색이 짙어서 스티치가 조금만 어긋나도 눈에 잘 띕니다. 자신이 없다면 천을 연한 회색 등으로 바꾸는 것도 좋은 방법입니다.

어린왕자 The Little Prince

Photo p.14

이 도안은 축소한 것입니다.
120% 확대해서 사용하세요.

[재료]

자수실

- ☐ 흰색 ... 100
- ☐ 진분홍색 ... 106
- ☐ 오렌지 ... 145
- ☐ 회색 ... 152A
- ☐ 연노란색 ... 297
- ☐ 갈색 ... 476
- ☐ 연주황색 ... 341
- ☐ 검정색 ... 895
- ☐ 청록색 ... 898
- ☐ 청자색 ... 2662

[수놓기]

지정 이외 2가닥
지정 이외 새틴S

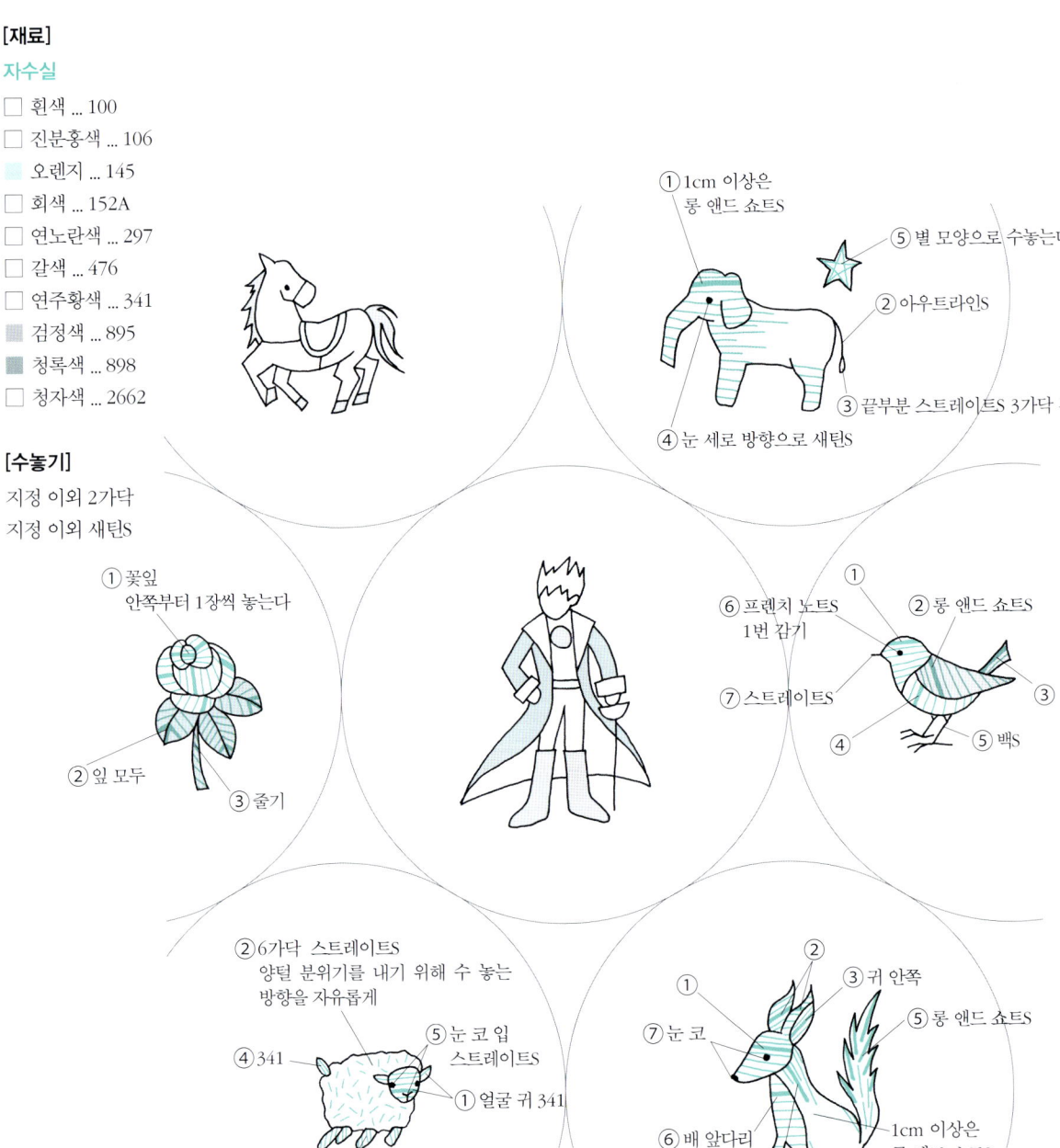

① 1cm 이상은
롱 앤드 쇼트S

⑤ 별 모양으로 수놓는다

② 아웃라인S

③ 끝부분 스트레이트S 3가닥 정도

④ 눈 세로 방향으로 새틴S

① 꽃잎
안쪽부터 1장씩 놓는다

② 잎 모두

③ 줄기

⑥ 프렌치 노트S
1번 감기

② 롱 앤드 쇼트S

①

⑦ 스트레이트S

③

④

⑤ 백S

② 6가닥 스트레이트S
양털 분위기를 내기 위해 수 놓는
방향을 자유롭게

⑤ 눈 코 입
스트레이트S

④ 341

① 얼굴 귀 341

③ 다리 341

②

③ 귀 안쪽

①

⑤ 롱 앤드 쇼트S

⑦ 눈 코

⑥ 배 앞다리

1cm 이상은
롱 앤드 쇼트S

④ 등→뒷다리

[수놓기]

모두 2가닥, 지정 이외 새틴S

● **어린왕자**

[재료]

자수실

☐ 흰색 ... 100
☐ 진분홍색 ... 106
☐ 오렌지 ... 145
☐ 회색 ... 152A
☐ 연노란색 ... 297
☐ 연주황색 ... 341
▨ 검정색 ... 895
▦ 청록색 ... 898

○ **p.1 속표지 배색**

자수실

연주황색 ... 341
물색 ... 523
검정색 ... 600
연갈색 ... 711
빨간색 ... 798
흰색 ... 2500

● **백마**

[재료]

자수실

☐ 흰색 ... 100
▧ 오렌지 ... 145
▦ 검정색 ... 895

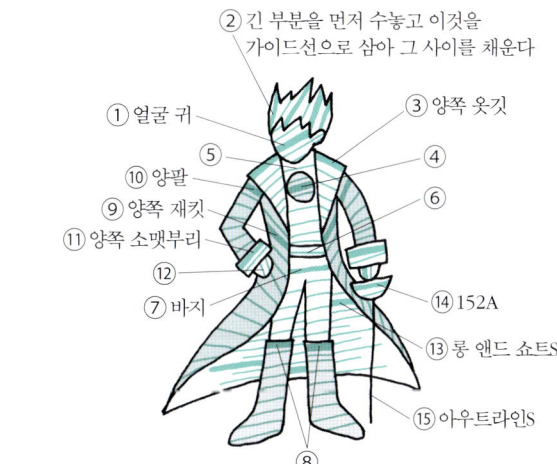

② 긴 부분을 먼저 수놓고 이것을
가이드선으로 삼아 그 사이를 채운다

① 얼굴 귀
③ 양쪽 옷깃
⑤
④
⑩ 양팔
⑥
⑨ 양쪽 재킷
⑪ 양쪽 소맷부리
⑫
⑭ 152A
⑦ 바지
⑬ 롱 앤드 쇼트S
⑧
⑮ 아우트라인S

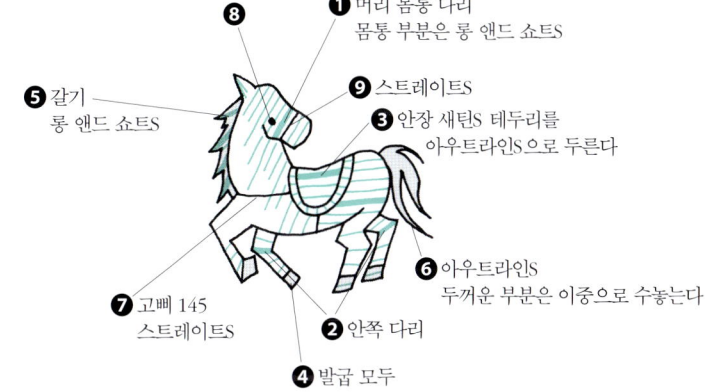

❶ 머리 몸통 다리
몸통 부분은 롱 앤드 쇼트S
❽
❾ 스트레이트S
❺ 갈기
롱 앤드 쇼트S
❸ 안장 새틴S 테두리를
아우트라인S으로 두른다
❻ 아우트라인S
두꺼운 부분은 이중으로 수놓는다
❼ 고삐 145
스트레이트S
❷ 안쪽 다리
❹ 발굽 모두

새틴 스티치를 깔끔하게 놓는 요령

새틴 스티치의 라인이 비뚤어지는 경우는 흔한 일입니다. 라인이 가지런하게 안 되는 가장 흔한 원인은 바로 실의 양이 부족하기 때문입니다. 바탕천의 색이 보인다면 나중에라도 스티치를 채워 넣는 것이 좋습니다.

59쪽에서도 말했지만 옅은색 실은 스티치의 모양이 눈에 잘 띕니다. 특히 흰색 실을 사용하면 다른 색보다 실의 양을 2배 정도 많이 해야 스티치가 깔끔합니다. 먼저 면을 가득 채우는 것부터 도전해 보세요.

브레멘 음악대 The Bremen town musicians
Photo p.17

[수놓기]

지정 이외 2가닥, 지정 이외 새틴S

● 드럼

[재료]

자수실

- 파란색 ... 375
- 연갈색 ... 572
- 검정색 ... 600
- 연녹색 ... 2317

● 브레멘 음악대

[재료]

자수실

- 오렌지 ... 343
- 파란색 ... 375
- 갈색 ... 385
- 연갈색 ... 572
- 검정색 ... 600
- 노란색 ... 701

● 도둑들의 집

[재료]

자수실

- 갈색 ... 385
- 연갈색 ... 572
- 검정색 ... 600
- 연녹색 ... 2317
- 흰색 ... 2500

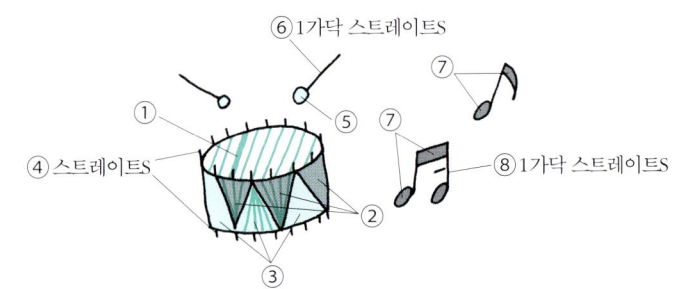

⑥1가닥 스트레이트S
⑦
①
⑤
⑦
④ 스트레이트S
②
⑧1가닥 스트레이트S
③

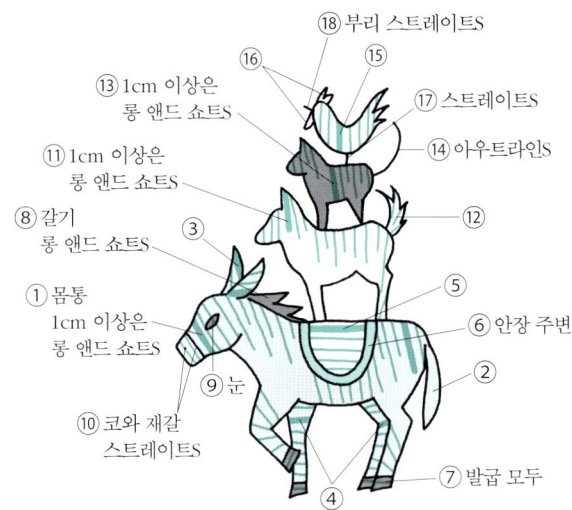

⑱ 부리 스트레이트S
⑯
⑮
⑬1cm 이상은 롱 앤드 쇼트S
⑰ 스트레이트S
⑪1cm 이상은 롱 앤드 쇼트S
⑭ 아우트라인S
⑧ 갈기 롱 앤드 쇼트S
③
⑫
① 몸통 1cm 이상은 롱 앤드 쇼트S
⑤
⑥ 안장 주변
②
⑨ 눈
⑩ 코와 재갈 스트레이트S
⑦ 발굽 모두
④

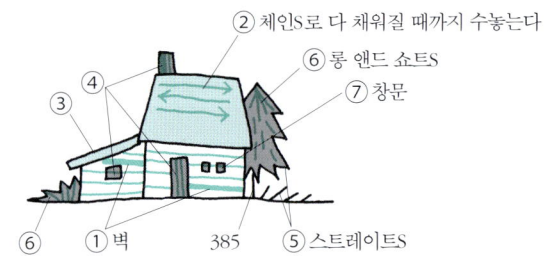

② 체인S로 다 채워질 때까지 수놓는다
⑥ 롱 앤드 쇼트S
④
③
⑦ 창문
⑥
① 벽
385
⑤ 스트레이트S

[수놓기]

지정 이외 2가닥, 지정 이외 새틴S

● **호른**

[재료]

자수실

■ 오렌지 ... 145
□ 노란색 ... 701

○ **p.1 속표지 배색**

자수실

빨간색 ... 798
물색 ... 523

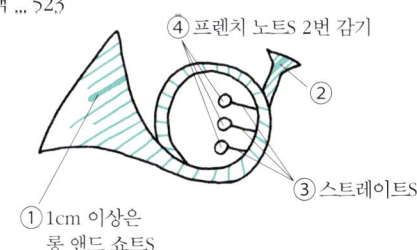

④ 프렌치 노트S 2번 감기
②
③ 스트레이트S
① 1cm 이상은 롱 앤드 쇼트S

● **비올라**

[재료]

자수실

■ 갈색 ... 385
■ 검정색 ... 600
□ 노란색 ... 701

⑫ 1가닥 스트레이트S
⑪
⑥
③
⑤
⑦ 스트레이트S
　프렌치 노트S 2번 감기
①
⑧ 1가닥 아웃트라인S
② 1cm 이상은 롱 앤드 쇼트S
⑨ 아웃트라인S 양쪽 모두
⑩ 프렌치 노트S 2번 감기 양쪽 모두
④

● **아코디언**

[재료]

자수실

■ 파란색 ... 375
□ 연갈색 ... 572
■ 검정색 ... 600
■ 연녹색 ... 2317

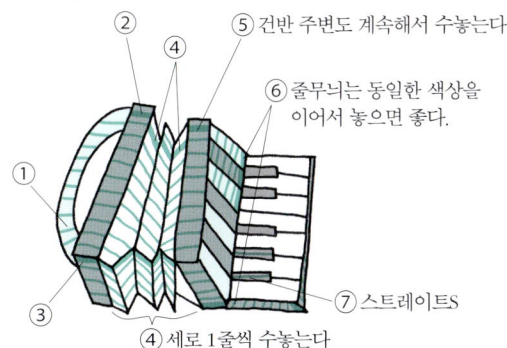

② ④
⑤ 건반 주변도 계속해서 수놓는다
⑥ 줄무늬는 동일한 색상을
　이어서 놓으면 좋다.
①
③
⑦ 스트레이트S
④ 세로 1줄씩 수놓는다

● **버섯**

[재료]

자수실

■ 오렌지 ... 343
■ 갈색 ... 385
□ 연갈색 ... 572
□ 흰색 ... 2500

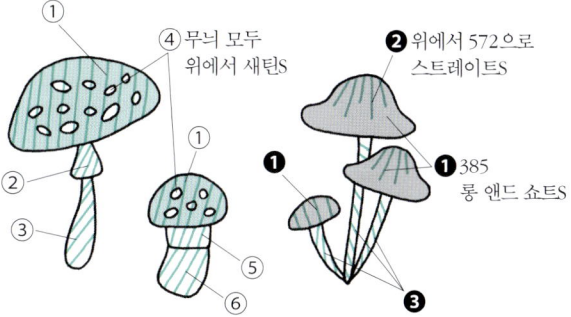

①
④ 무늬 모두
　위에서 새틴S
❷ 위에서 572으로
　스트레이트S
②
①
❶
❶ 385
　롱 앤드 쇼트S
③
⑤
⑥
❸

브레멘 음악대 악기 파우치 | The Bremen town musicians

Photo p.16

[재료]

자수실

☐ 흰색 ... 100

☐ 회색 ... 152A

■ 오렌지 ... 187

　베이지 ... 305

▦ 검정색 ... 895

[수놓기]

지정 이외 2가닥

지정 이외 새틴S

[크기]

가로 20.5cm×세로 13cm 파우치

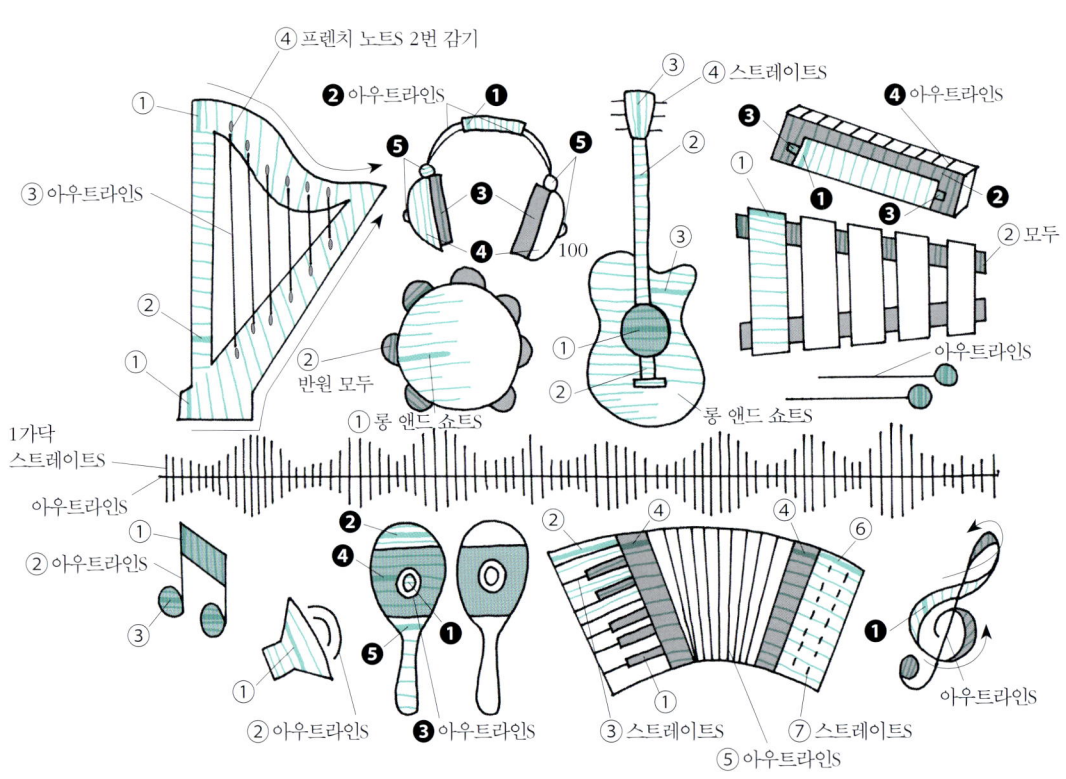

피노키오의 모험 목수 도구 프레임 The Adventures of Pinocchio

Photo p.20

[재료]

자수실

- ☐ 흰색 ... 100
- ▨ 진회색 ... 154
- 연주황색 ... 341
- ▨ 파란색 ... 375
- ☐ 갈색 ... 476(머리카락)
- ☐ 회청색 ... 731
- ☐ 분홍색 ... 835

[수놓기]

지정 이외 2가닥
지정 이외 새틴S

○ 표지 배색

자수실

흰색 ... 100
연주황색 ... 341
갈색 ... 476
분홍색 ... 504
연녹색 ... 562

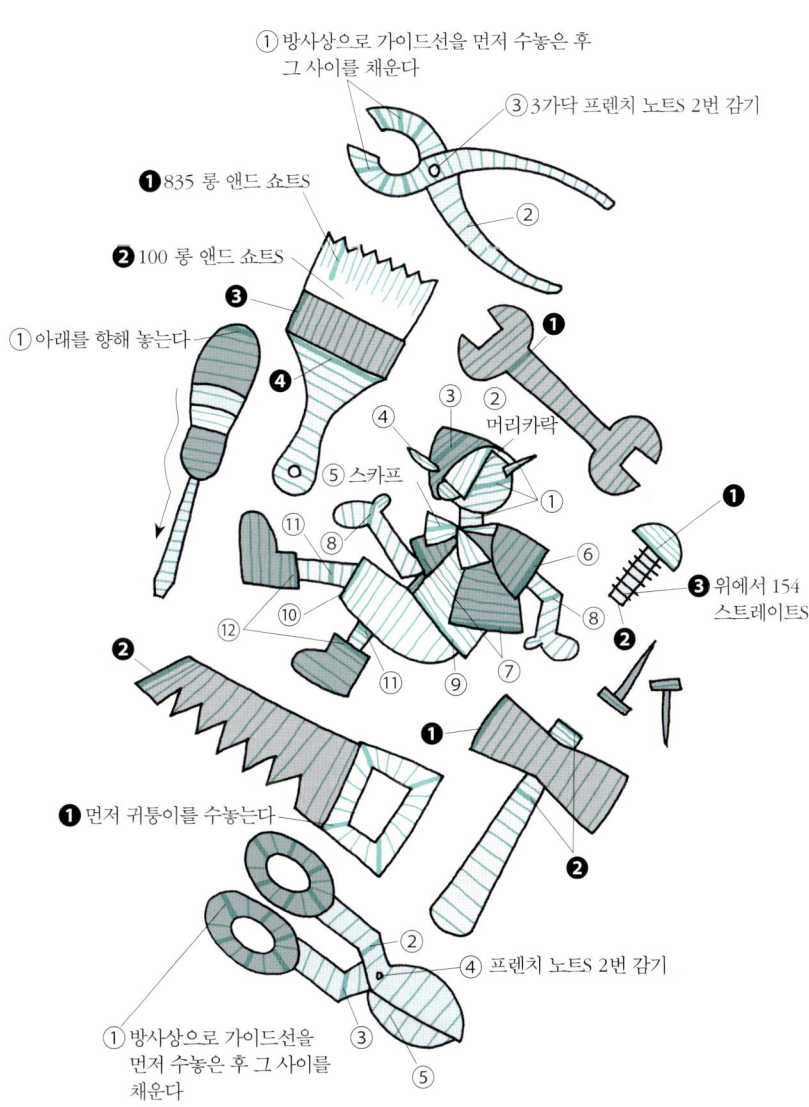

① 방사상으로 가이드선을 먼저 수놓은 후 그 사이를 채운다

③ 3가닥 프렌치 노트S 2번 감기

❶ 835 롱 앤드 쇼트S

❷ 100 롱 앤드 쇼트S

❸

① 아래를 향해 놓는다

④

② 머리카락

③ ② ❶

④

⑤ 스카프 ①

⑪ ⑧

❶

⑧ ③ 위에서 154 스트레이트S

❷

⑫ ⑩

❷

⑪ ⑨ ⑦

❶

❶ 먼저 귀퉁이를 수놓는다

❷

②

④ 프렌치 노트S 2번 감기

① 방사상으로 가이드선을 먼저 수놓은 후 그 사이를 채운다

③

⑤

65

피노키오의 모험 The Adventures of Pinocchio

Photo p.18~19

[수놓기]
지정 이외 2가닥, 지정 이외 새틴S

● 피노키오

[재료]

자수실

☐ 오렌지 ... 144A
▨ 파란색 ... 214
▨ 노란색 ... 300
☐ 연갈색 ... 307
☐ 연주황색 ... 341
☐ 갈색 ... 368(머리카락)
☐ 검정색 ... 600
▨ 청록색 ... 897
☐ 하늘색 ... 2251
☐ 흰색 ... 2500

○ p.1 속표지 배색

자수실

연주황색 ... 341
물색 ... 523
갈색 ... 578
검정색 ... 600
연갈색 ... 711
빨간색 ... 798
흰색 ... 2500

● 마법사

[재료]

자수실

☐ 연노란색 ... 297
☐ 연주황색 ... 341
☐ 갈색 ... 368(머리카락)
▨ 파란색 ... 414A
☐ 검정색 ... 600
▨ 청록색 ... 897
실크실 31

● 고래

[재료]

자수실

▨ 파란색 ... 214
☐ 검정색 ... 600
☐ 흰색 ... 2500

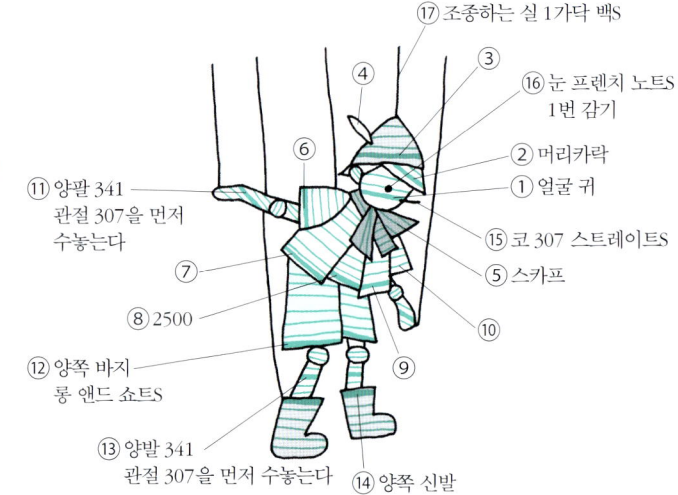

⑰ 조종하는 실 1가닥 백S
④
③
⑯ 눈 프렌치 노트S
   1번 감기
⑥
⑪ 양팔 341
   관절 307을 먼저
   수놓는다
⑦
⑧ 2500
⑫ 양쪽 바지
   롱 앤드 쇼트S
⑬ 양발 341
   관절 307을 먼저 수놓는다
② 머리카락
① 얼굴 귀
⑮ 코 307 스트레이트S
⑤ 스카프
⑩
⑨
⑭ 양쪽 신발

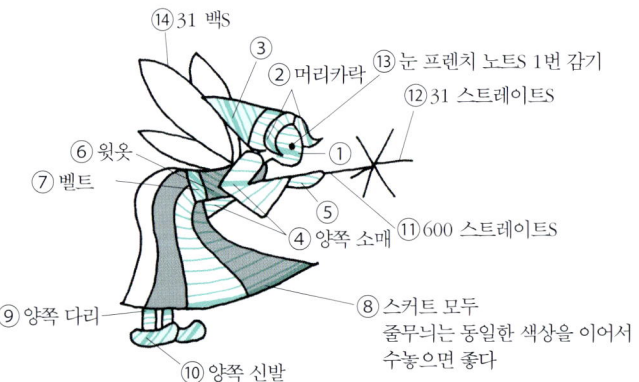

⑭ 31 백S
③
② 머리카락
⑬ 눈 프렌치 노트S 1번 감기
⑫ 31 스트레이트S
⑥ 윗옷
⑦ 벨트
①
④ 양쪽 소매
⑤
⑪ 600 스트레이트S
⑨ 양쪽 다리
⑧ 스커트 모두
   줄무늬는 동일한 색상을 이어서
   수놓으면 좋다
⑩ 양쪽 신발

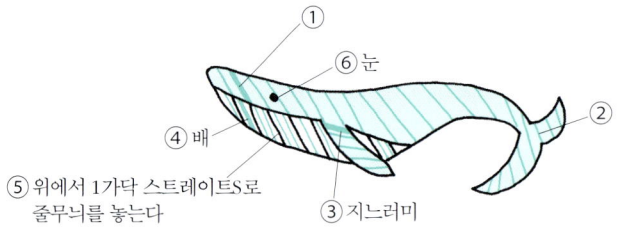

①
⑥ 눈
④ 배
②
⑤ 위에서 1가닥 스트레이트S로
   줄무늬를 놓는다
③ 지느러미

[수놓기]

지정 이외 2가닥, 지정 이외 새틴S

● **귀뚜라미**

[재료]

자수실

- 파란색 ... 214
- 연노란색 ... 297
- 검정색 ... 600
- 청록색 ... 897
- 보라색 ... 2262

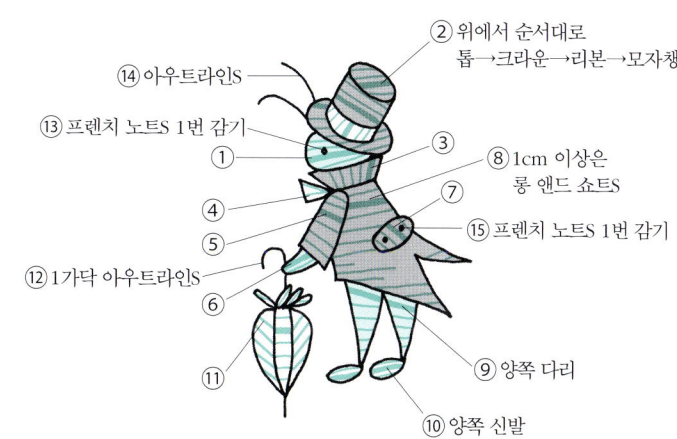

⑭ 아우트라인S
⑬ 프렌치 노트S 1번 감기
⑫ 1가닥 아우트라인S
② 위에서 순서대로
    톱→크라운→리본→모자챙
③
⑧ 1cm 이상은
    롱 앤드 쇼트S
⑮ 프렌치 노트S 1번 감기
⑨ 양쪽 다리
⑩ 양쪽 신발

● **여우**

[재료]

자수실

- 파란색 ... 214
- 연노란색 ... 297
- 물색 ... 523
- 검정색 ... 600
- 흰색 ... 2500
- 오렌지계열 그러데이션 ... 8027
  (cosmo Seasons)

④ 모자챙→리본→크라운
② 귀
①
⑤ 양쪽 옷깃 고정 금구
⑥ 양쪽 망토
⑰ 프렌치 노트S 1번 감기
⑬ 망토 안쪽
    롱 앤드 쇼트S
⑮ 롱 앤드 쇼트S
⑩ 아우트라인S
⑯ 눈 코 새틴S
③ 턱 297
⑨ 양쪽 손
⑧ 양쪽 커프스
⑦ 양쪽 팔
⑪ 조끼
⑫ 바지
⑬ 망토 안쪽
⑭ 양쪽 신발

● **회전목마**

[재료]

자수실

- 파란색 ... 214
- 연노란색 ... 297
- 갈색 ... 368
- 검정색 ... 600
- 하늘색 ... 2251

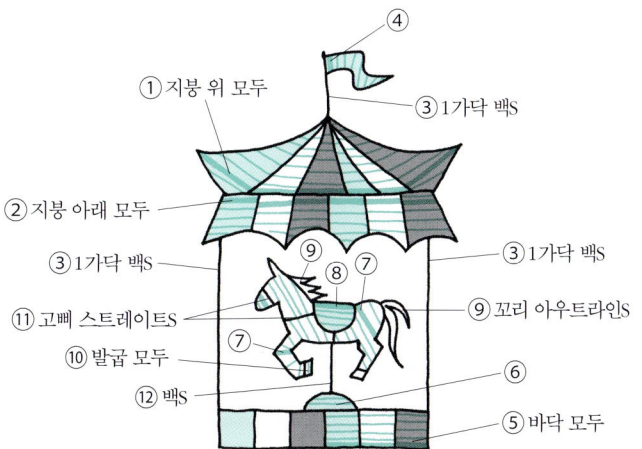

④
① 지붕 위 모두
③ 1가닥 백S
② 지붕 아래 모두
③ 1가닥 백S
⑪ 고삐 스트레이트S
⑩ 발굽 모두
⑫ 백S
⑨ ⑧ ⑦
③ 1가닥 백S
⑨ 꼬리 아우트라인S
⑥
⑤ 바닥 모두

피노키오의 모험 The Adventures of Pinocchio

Photo p.18~19

[수놓기]

지정 이외 2가닥, 지정 이외 새틴S

● **고양이**

[재료]

자수실

- ▨ 오렌지 ... 144A
- ☐ 회색 ... 152A
- ☐ 노란색 ... 300
- ☐ 검정색 ... 600
- ▨ 청록색 ... 897
- ▨ 하늘색 ... 2251

● **당나귀**

[재료]

자수실

- ▨ 오렌지 ... 144A
- ☐ 연노란색 ... 297
- ▨ 갈색 ... 368
- ▨ 파란색 ... 414A
- ▨ 검정색 ... 600
- ☐ 흰색 ... 2500

● **제페토 할아버지와 피노키오**

[재료]

자수실

- ▨ 회색 ... 152A
- ▨ 파란색 ... 214
- ☐ 연노란색 ... 297
- ☐ 노란색 ... 300
- ☐ 연주황색 ... 341
- ☐ 갈색 ... 368
- ☐ 검정색 ... 600
- ▨ 물색 ... 373
-   하늘색 ... 2251
- ☐ 흰색 ... 2500

⑮ 눈 새틴S 입 스트레이트S
③ 모자
② 양쪽 귀
④ 양쪽 옷깃
⑥ 양쪽 어깨
①
⑧ 양쪽 팔
⑤ 물림쇠 144A
⑭ 지팡이 아우트라인S
⑯ 프렌치 노트S 2번 감기
⑨ 양쪽 손
⑫ 롱 앤드 쇼트S
⑦ 조끼
⑬ 꼬리
⑫
⑩ 바지
⑪ 양쪽 신발

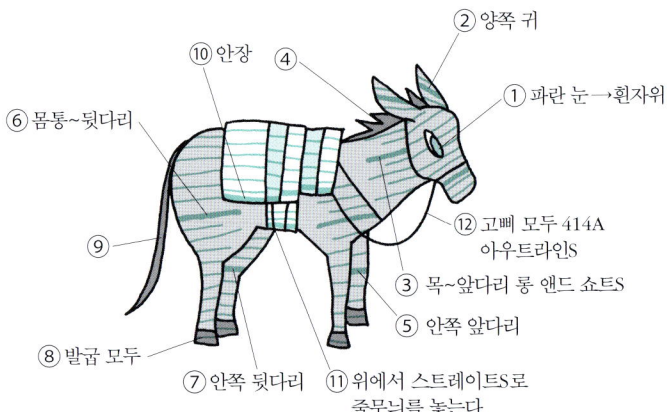

⑩ 안장
④
② 양쪽 귀
⑥ 몸통~뒷다리
① 파란 눈→흰자위
⑨
⑫ 고삐 모두 414A 아우트라인S
③ 목~앞다리 롱 앤드 쇼트S
⑤ 안쪽 앞다리
⑧ 발굽 모두
⑦ 안쪽 뒷다리
⑪ 위에서 스트레이트S로 줄무늬를 놓는다

⑳ 안경 1가닥 백S
⑥
⑤ 얼굴 귀
㉑ 바깥쪽→안쪽→장식
②
⑦ 옷깃 ④ 팔
⑩ 등
⑲ 눈 1가닥 스트레이트S
①
⑧ 소매
③
⑨
⑭
⑪
⑫ 양말 152A
⑬ 양쪽 신발
⑰ 양쪽 신발
⑮
⑯ 양쪽 발
⑱ 프렌치 노트S 2번 감기

빨강머리 앤 앤 셜리 손수건 Anne at Green Gables

Photo p.21

[재료]

자수실

- ☐ 오렌지 ... 186(머리카락)
- ☐ 연주황색 ... 341
- ▨ 파란색 ... 375
-    연물색 ... 521A
- ☐ 노란색 ... 2299
- ▨ 녹색 ... 899
- ▨ 연녹색 ... 533

[수놓기]

지정 이외 2가닥
지정 이외 새틴S

[크기]

31×31cm

○ 표지 배색(앤)

[재료]

자수실

흰색 ... 100
연주황색 ... 341
갈색 ... 476
분홍색 ... 504
연녹색 ... 562
※ 스티치 놓는 방향은
표지 사진 참고

[앤 수놓기]

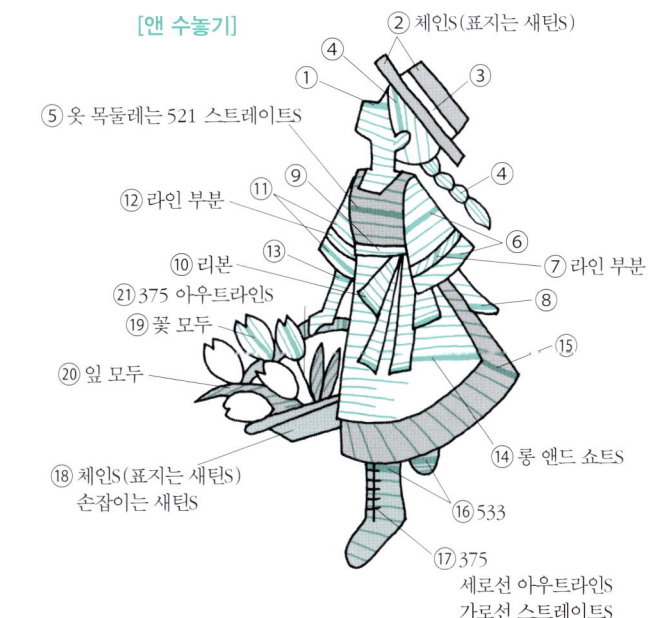

② 체인S(표지는 새틴S)
④
①
③
⑤ 옷 목둘레는 521 스트레이트S
⑫ 라인 부분
⑪
⑨
④
⑥
⑩ 리본
⑬
⑦ 라인 부분
㉑ 375 아우트라인S
⑧
⑲ 꽃 모두
⑮
⑳ 잎 모두
⑭ 롱 앤드 쇼트S
⑱ 체인S(표지는 새틴S)
손잡이는 새틴S
⑯ 533
⑰ 375
세로선 아우트라인S
가로선 스트레이트S

[실물 크기 도안]

❶ 2299
❹ 899
❷ 899 방사상으로 가이드선을
놓고 나서 그 사이를 채운다
❸ 375 아우트라인S

빨간머리 앤 **알파벳** Anne at Green Gables

Photo p.22~23

[글자 수놓기] ①꽃심(프렌치 노트S 2번 감기) → ②줄기(아우트라인S) → ③잎 → ④글자

⑦ 프렌치 노트S
2번 감기

① ②

③ 목 부분 734
→ 리본 299

⑤

⑥

④ 1cm 이상은
롱 앤드 쇼트S

[토끼]

② 366

⑦ 스트레이트S

① 얼굴 귀 목

③ 옷깃

④

⑥

⑤

⑦

⑧ 바지

⑨ 양쪽 신발

[길버트]

[재료]

자수실

☐ 오렌지 ... 145

■ 황록색 ... 272
☐ 노란색 ... 299
　 연녹색 ... 334

☐ 연주황색 ... 341
☐ 연갈색 ... 366
▨ 파란색 ... 732

▨ 진파란색 ... 734
☐ 검정색 ... 895
☐ 흰색 ... 2500

[창가의 앤]

⑦ 눈 프렌치 노트S 2번 감기
코 스트레이트S

② ④ ①

③

⑥

[고양이]

⑥

⑤ 1cm 이상은
롱 앤드 쇼트S

아우트라인S

아우트라인S

[그린 게이블즈]

71

빨간머리 앤 알파벳 *Anne at Green Gables*

Photo p.22~23

[수놓기]

지정 이외 2가닥, 지정 이외 새틴S

● 앤

[재료]

자수실

- ☐ 오렌지 ... 145
- ■ 황록색 ... 272
- ☐ 노란색 ... 299
-   연녹색 ... 334
- ☐ 연주황색 ... 341
- ☐ 연갈색 ... 366
- ■ 갈색 ... 386
- ☐ 흰색 ... 2500

○ p.1 속표지 배색

자수실

- 연주황색 ... 341
- 물색 ... 523
- 검정색 ... 600
- 연갈색 ... 711
- 빨간색 ... 798

⑬ 꽃 스트레이트S
⑫ 잎 스트레이트S
⑪ 바구니 손잡이는 체인S
③ 모자챙→리본→본체
② 머리→땋은 머리 체인S→머리카락 끝 스트레이트S
① ④ ⑤ ⑥ ⑦
⑧
⑨ 양쪽 다리
⑩ 양쪽 신발

● 창가의 앤

[재료]

자수실

- ☐ 오렌지 ... 145
- ■ 황록색 ... 272
- ☐ 노란색 ... 299
- ☐ 연녹색 ... 334
- ☐ 연주황색 ... 341
- ■ 갈색 ... 386
- ■ 파란색 ... 732

⑩ ① ⑤
⑨ 불리온 로즈S
  안쪽 불리온노트S
  바깥쪽 불리온S
⑧ 334
  줄기 아우트라인S
  잎 새틴S
② 머리→땋은 머리 체인S
⑦ ④ ③ ⑥ 몸통 732

● 그린 게이블즈

[재료]

자수실

- ■ 황록색 ... 272
- ■ 연녹색 ... 334
- ☐ 흰색 ... 2500
- ■ 진파란색 ... 734

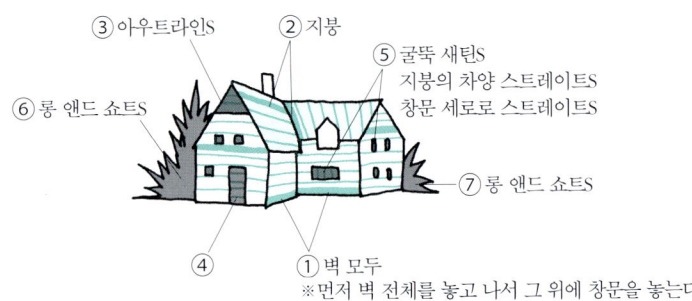

③ 아우트라인S
② 지붕
⑤ 굴뚝 새틴S
  지붕의 차양 스트레이트S
  창문 세로로 스트레이트S
⑥ 롱 앤드 쇼트S
⑦ 롱 앤드 쇼트S
④
① 벽 모두
※먼저 벽 전체를 놓고 나서 그 위에 창문을 놓는다

피터팬 Peter Pan

Photo p.24~25

[수놓기]

지정 이외 2가닥, 지정 이외 새턴S

● 인디언 소녀

[재료]

자수실

☐ 흰색 ... 100

☐ 갈색 ... 311

☐ 연주황색 ... 341

■ 파란색 ... 375

☐ 노란색 ... 821

☐ 빨간색 ... 2241

⑰ 장식
④ 양쪽 옷깃
③ 양쪽 매듭
② 머리카락 모두
① 얼굴 귀 목
⑦ 가슴
⑥ 왼쪽 소매
⑧ 소매
⑤ 손
⑨ 손
⑩
⑪ 긴 부분을 먼저 놓고 나서 이것을
가이드선으로 삼아 그 사이를 채운다
⑫ 1cm 이상은 롱 앤드 쇼트S
⑯ 스커트 인
⑬ 양쪽 다리
⑭ 양쪽 양말
⑮ 양쪽 신발
⑱ 스커트 소매의 술 스트레이트S

● 웬디

[재료]

자수실

■ 갈색 ... 311

☐ 연주황색 ... 341

☐ 검정색 ... 600

☐ 연회색 ... 890

☐ 빨간색 ... 2241

☐ 흰색 ... 2500

②
③
④
① 얼굴 목
⑦ 리본 모두
⑤
⑥
⑩
⑪ 스트레이트S
⑧
⑨

● 팅커벨

[재료]

자수실

☐ 연주황색 ... 341

■ 검정색 ... 600

■ 갈색 ... 687

■ 청록색 ... 898

☐ 빨간색 ... 2241

☐ 흰색 ... 2500

○ p.1 속표지 배색

자수실

연주황색 ... 341

물색 ... 523

연갈색 ... 711

빨간색 ... 798

⑪ 백S
③
②
① 얼굴 귀 목
④
⑥
⑦
⑧ 1cm 이상은
롱 앤드 쇼트S
⑤
⑩ 벨트
⑨ 양쪽 다리
⑩ 양쪽 신발
⑫ 스트레이트S

피터팬 *Peter Pan*

Photo p.24~25

[수놓기]

지정 이외 2가닥, 지정 이외 새틴S

● 후크 선장

[재료]

자수실

- ☐ 연주황색 ... 341
- ■ 검정색 ... 600
- ■ 갈색 ... 687 (머리카락)
- ☐ 겨자색 ... 772
- ☐ 연회색 ... 890
-   빨간색 ... 2241
- ☐ 흰색 ... 2500

⑭ 모자 테두리 아우트라인S
⑮ 모자 장식
③
② 머리카락
① 얼굴 목 귀 341
② 수염
⑤ 양쪽 옷깃
⑥ 양쪽 팔
⑫ 1가닥 백S
⑧ 재킷
⑨ 양쪽 다리
⑩ 양쪽 신발
⑪ 신발 끈
④
⑬ 재킷 테두리 모두 아우트라인S
⑦ 바지 600 벨트 890
소매와 재킷 밑단 스트레이트S

● 인어

[재료]

자수실

- ☐ 파란색 ... 375
- ☐ 연주황색 ... 341
-   연갈색 ... 368 (머리카락)
- ■ 빨간색 ... 2241
- ☐ 노란색 ... 300

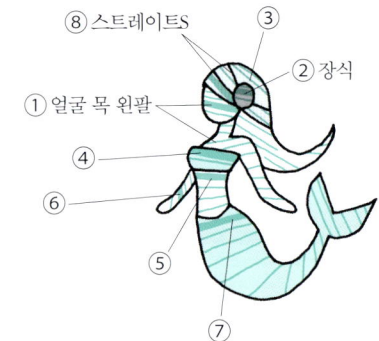

⑧ 스트레이트S
③
② 장식
① 얼굴 목 왼팔
④
⑥
⑤
⑦

● 존과 마이클

[재료]

자수실

- ☐ 파란색 ... 375
- ☐ 연주황색 ... 341
- ■ 검정색 ... 600
-   갈색 ... 687
- ☐ 빨간색 ... 2241
- ☐ 겨자색 ... 772 (머리카락)
- ☐ 흰색 ... 2500

③ 모자챙→리본→크라운
②
④ 나비 넥타이
① 얼굴 귀
⑥ 양쪽 소매
⑦ 양쪽 팔
⑪ 단추 프렌치 노트S 멜빵 아우트라인S
⑧ 바지
⑨ 양쪽 다리
⑩ 양쪽 신발
⑤
❶ 얼굴 귀 목
❷
❸ 양쪽 손
❹ 1cm 이상은 롱 앤드 쇼트S

[수놓기]

지정 이외 2가닥, 지정 이외 새틴S

● 피터팬

[재료]

자수실

- □ 연주황색 ... 341
- □ 연갈색 ... 368
- ▨ 갈색 ... 386(머리카락)
- □ 검정색 ... 600
- ▨ 녹색 ... 633
- □ 겨자색 ... 772
   황록색 ... 2117
- □ 빨간색 ... 2241
- □ 흰색 ... 2500

- ③
- ⑲ 의자 등받이
- ② 머리카락
- ① 얼굴 귀 목
- ⑳ 의자 프레임
- ④ 장식
- ⑤ 양쪽 옷깃
- ⑦
- ⑪
- ⑧
- ⑫
- ⑥ 몸통 2117
- ⑨
- ⑬ 바지
- ⑰ 의자 좌석면
- ⑭
- ⑱ 이자 옆, 다리
- ⑩ 신발
- ⑮
- ⑯ 장식 벨트
   프렌치 노트S 2번 감기

눈을 표현하는 3가지 방식

● 프렌치 노트 스티치

(4쪽 생쥐, 7쪽 염소 등)

[동그란 눈]

새틴 스티치 위에 프렌치 노트 스티치를 놓습니다. 먼저 초크펜으로 실 위에 눈 위치를 표시하고, 그 위에 놓습니다. 이때 새틴 스티치 사이로 바탕천이 보이면 같은 색상의 새틴 스티치를 추가로 놓아서 채웁니다.

● 새틴 스티치(작은 눈)

(7쪽 소, 14쪽 양 등)

[프렌치 노트 스티치보다 쉽게 표현]

새틴 스티치 위에 새틴 노트 스티치로 눈을 놓습니다. 먼저 초크펜으로 실 위에 눈 위치를 표시한 다음 아래 실과 같은 방향이 되지 않도록 각도를 달리 놓습니다.

● 새틴 스티치(큰 눈)

(7쪽 비둘기, 12쪽 체브라시카)

[표정이 풍부한 캐릭터용]

이 경우에는 스티치 위에 수를 놓기가 어렵습니다. 그래서 눈을 먼저 놓고 나서 얼굴을 놓습니다.
흰자위가 있는 경우에는 눈동자 둘레 중 절반만 놓습니다.

피터팬 해적 심볼 참 장식 *Peter Pan*

Photo p.26

● **해적선/악어 친구들**

[재료]

자수실

☐ 분홍색 ... 505A
☐ 진갈색 ... 477
☐ 황록색 ... 269

[수놓기]

지정 이외 2가닥
지정 이외 새틴S

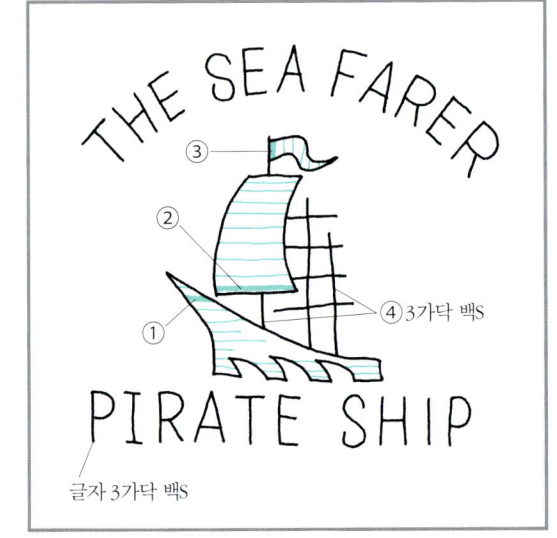

글자 3가닥 백S

닻
아우트라인S, 스트레이트S

② 잎 모두

악어는 방사상으로 가이드선을 놓고 나서 그 사이를 채운다
글자는 2가닥 아우트라인S

브로치 만들기

Photo p.24~25, 27

1 수놓은 천을 프레임보다 1.5cm 크게 자른 후, 가장 자리에서 5mm 안쪽으로 들어간 곳을 홈질한다.

2 브로치의 프레임 뒤쪽에서 홈질한 실을 잡아당긴다.

3 천이 팽팽해지도록 별모양으로 바느질해서 잡아당 긴 후 매듭을 지어 고정한다.

4 브로치 뒷판에 접착제를 발라서 붙인다.

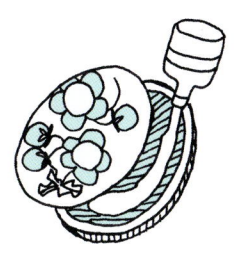

참 장식 만들기

Photo p.26

1 수놓은 천과 안감 1장을 겉면끼리 맞댄 후 창구멍 만 남기고 바느질한다.

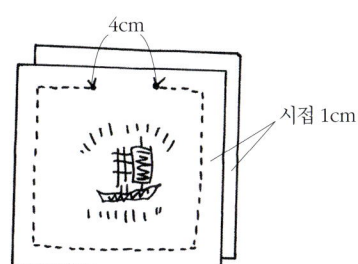

4cm

시접 1cm

2 창구멍으로 뒤집은 후 안쪽에 솜을 넣는다. 끈과 방 울을 끼운 후 창구멍을 막는다.

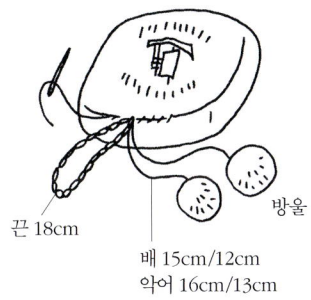

끈 18cm

배 15cm/12cm
악어 16cm/13cm

방울

엄지공주 Thumbelina

Photo p.28~29

이 도안은 축소한 것입니다.
120% 확대해서 사용하세요.

[재료]

자수실

- 분홍색 ... 105
- 파란색 ... 214
- 연보라색 ... 261
- 연노란색 ... 297
- 연주황색 ... 341
- 갈색 ... 368
- 물색 ... 372
- 진갈색 ... 477
- 하늘색 ... 552
- 청록색 ... 897
- 연회색 ... 2211
- 흰색 ... 2500
- 분홍색계열 그러데이션 ... 8005
  (cosmo Seasons)
- 파란색계열 그러데이션 ... 8052
  (cosmo Seasons)

메탈릭사 33

[수놓기]

지정 이외 2가닥
지정 이외 새틴S

엄지공주 *Thumbelina*

Photo p.28~29

[수놓기]

모두 2가닥
지정 이외 새틴S

● 왕자님과 엄지공주

[재료]

자수실

▨ 분홍색 ... 105
☐ 연보라색 ... 261
☐ 연주황색 ... 341
▨ 갈색 ... 368
☐ 물색 ... 372
▨ 진갈색 ... 477
☐ 연회색 ... 2211
☐ 흰색 ... 2500
메탈릭사 33

● 갈란투스

[재료]

자수실

▨ 청록색 ... 897
☐ 연회색 ... 2211

● 디모르포세카

[재료]

자수실

☐ 연노란색 ... 297
☐ 물색 ... 372

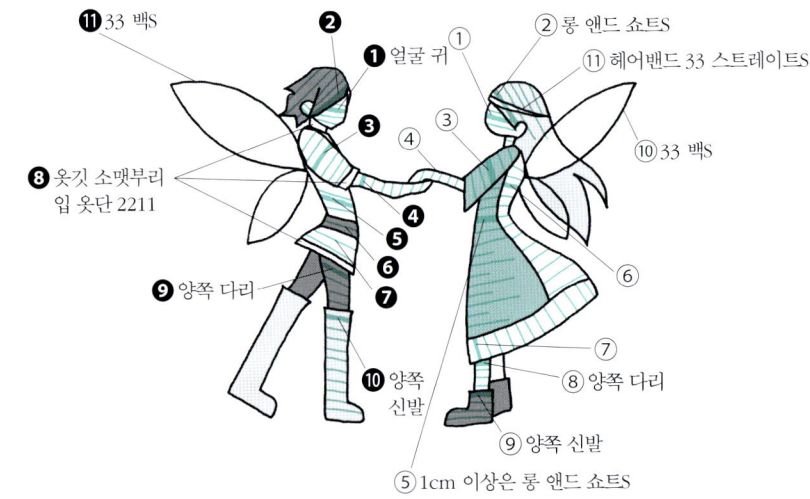

❶ 33 백S
❷
❶ 얼굴 귀
① ② 롱 앤드 쇼트S
⑪ 헤어밴드 33 스트레이트S
③
④
⑩ 33 백S
❸
❽ 옷깃 소맷부리
입 옷단 2211
❹
❺
❻
❼
⑥
❾ 양쪽 다리
⑦
⑧ 양쪽 다리
⑩ 양쪽
신발
⑨ 양쪽 신발
⑤ 1cm 이상은 롱 앤드 쇼트S

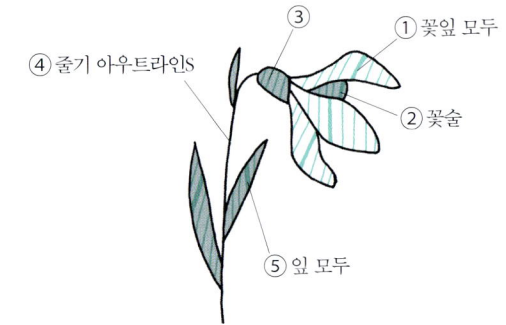

③
① 꽃잎 모두
④ 줄기 아우트라인S
② 꽃술
⑤ 잎 모두

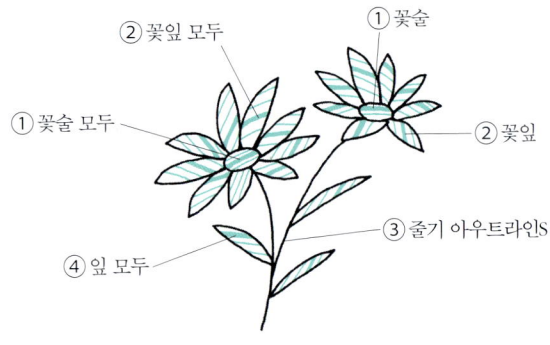

② 꽃잎 모두
① 꽃술
① 꽃술 모두
② 꽃잎
③ 줄기 아우트라인S
④ 잎 모두

모두 2가닥
지정 이외 새틴S

● 데이지

[재료]

자수실

☐ 연보라색 ... 261
☐ 연노란색 ... 297
☐ 물색 ... 372

● 갈란투스

[재료]

자수실

☐ 분홍색계열 그러데이션 ... 8005
　(cosmo Seasons)
▨ 청록색 ... 897

● 열대어

[재료]

자수실

☐ 파란색 ... 214
☐ 연노란색 ... 297
▨ 진갈색 ... 477
　하늘색 ... 552

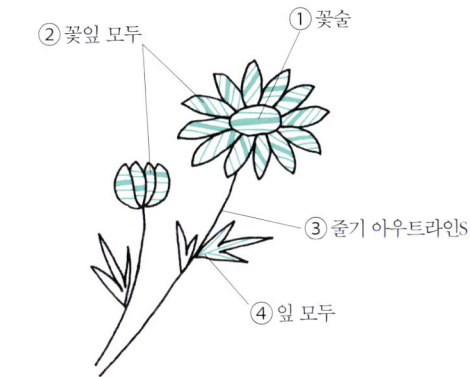

② 꽃잎 모두　　　① 꽃술

③ 줄기 아우트라인S

④ 잎 모두

② 꽃술 모두 스트레이트S

④ 꽃봉오리 모두

⑤ 꽃받침 모두 스트레이트S

① 꽃잎 모두

⑥ 가지 아우트라인S

③ 잎 모두

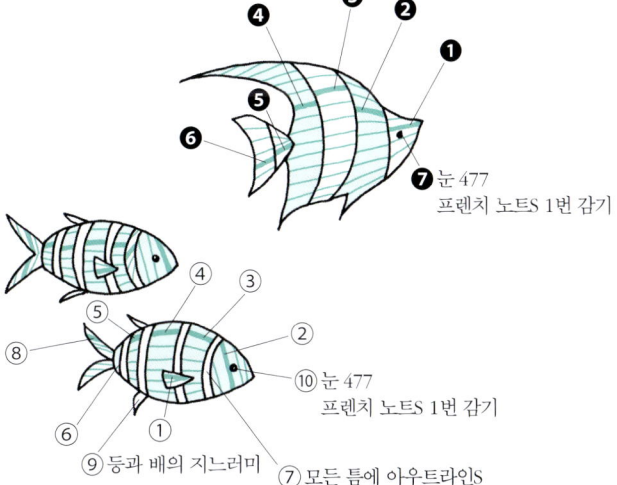

❹ ❸ ❷ ❶

❺

❻

❼ 눈 477
　프렌치 노트S 1번 감기

※2마리 모두
　동일한 방법으로

④ ③

⑤

⑧ ②

⑩ 눈 477
　프렌치 노트S 1번 감기

⑥ ①

⑨ 등과 배의 지느러미　　⑦ 모든 틈에 아우트라인S

엄지공주 *Thumbelina*

Photo p.28~29

[수놓기]

지정 이외 2가닥, 지정 이외 새틴S

●들장미

[재료]

자수실

- ☐ 연노란색 ... 297
- ▨ 청록색 ... 897
- ☐ 파란색계열 그러데이션 ... 8052
  (cosmo Seasons)

●개구리

[재료]

자수실

- ☐ 연노란색 ... 297
- ☐ 연주황색 ... 341
- ☐ 물색 ... 372
- ▨ 진갈색 ... 477

●생쥐 할머니

[재료]

자수실

- ▨ 분홍색 ... 105
- ☐ 파란색 ... 214
- ☐ 갈색 ... 368
- ▨ 진갈색 ... 477
- 하늘색 ... 552
- ☐ 흰색 ... 2500

⑦ 꽃술 1가닥 스트레이트S
⑥ ④ ③ ①
⑨ 꽃받침
⑤
⑪ 잎 모두 897
⑧
②
⑩ 줄기 아우트라인S
두꺼운 부분은 이중으로 수놓는다

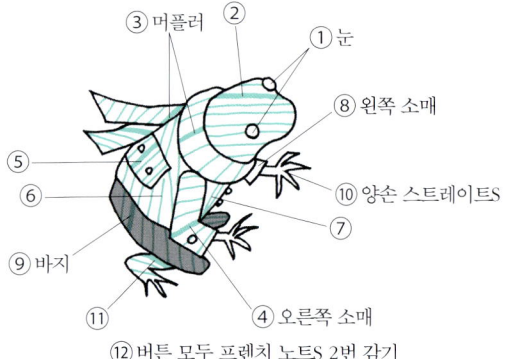

③ 머플러 ②
① 눈
⑧ 왼쪽 소매
⑤
⑥
⑩ 양손 스트레이트S
⑦
⑨ 바지
⑪
④ 오른쪽 소매
⑫ 버튼 모두 프렌치 노트S 2번 감기

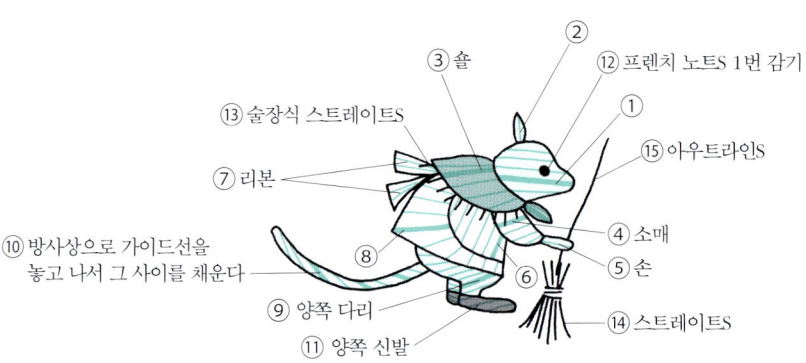

② ⑫ 프렌치 노트S 1번 감기
③ 솔 ①
⑬ 술장식 스트레이트S
⑮ 아우트라인S
⑦ 리본
④ 소매
⑩ 방사상으로 가이드선을
놓고 나서 그 사이를 채운다
⑧
⑥ ⑤ 손
⑨ 양쪽 다리
⑭ 스트레이트S
⑪ 양쪽 신발

[수놓기]

지정 이외 2가닥, 지정 이외 새틴S

● 크로커스

[재료]

자수실

☐ 연노란색 ... 297

☐ 물색 ... 372

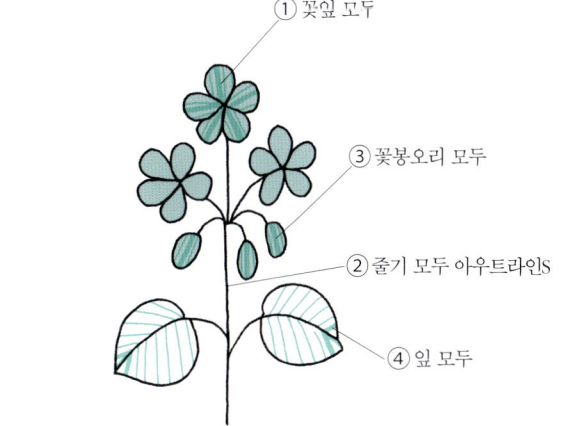

③ 꽃술 1가닥 스트레이트S

② ①

② ①

③ 꽃술 1가닥 스트레이트S

①

④ 줄기 아우트라인S

① ①

⑤ 잎 모두

● 개구리

[재료]

자수실

☐ 분홍색 ... 105

☐ 물색 ... 372

① 꽃잎 모두

③ 꽃봉오리 모두

② 줄기 모두 아우트라인S

④ 잎 모두

● 생쥐 할머니

[재료]

자수실

☐ 분홍색 ... 105

☐ 파란색 ... 214

☐ 연보라색 ... 261

☐ 연주황색 ... 341

☐ 갈색 ... 368

☐ 진갈색 ... 477

☐ 연회색 ... 2211

☐ 흰색 ... 2500

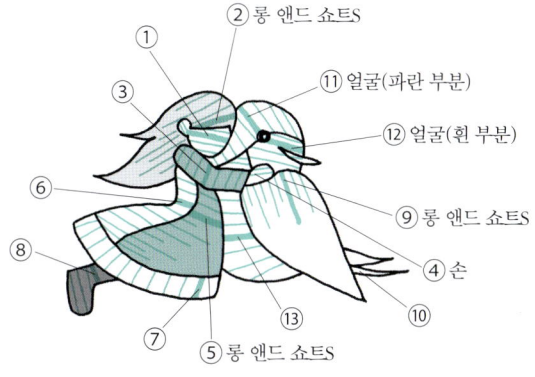

② 롱 앤드 쇼트S

① ⑪ 얼굴(파란 부분)

③ ⑫ 얼굴(흰 부분)

⑥ ⑨ 롱 앤드 쇼트S

⑧ ④ 손

⑦ ⑬ ⑩

⑤ 롱 앤드 쇼트S

⑭ 눈 프렌치 노트S 1번 감기

⑮ 부리 2땀 스트레이트S

엄지공주 Thumbelina

Photo p.28~29

[수놓기]

지정 이외 2가닥, 지정 이외 새틴S

● 초롱꽃

[재료]

자수실

☐ 물색 ... 372
　하늘색 ... 552

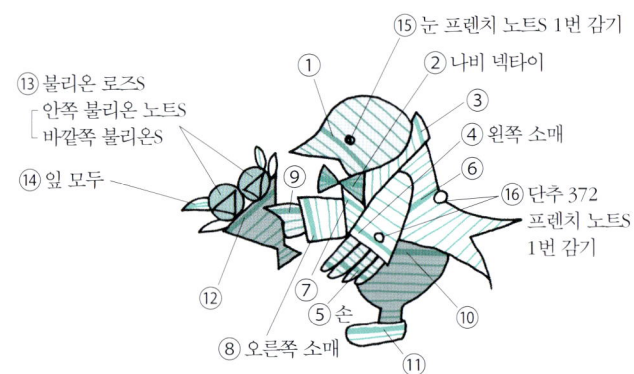

③
② 줄기 아우트라인S
④ 꽃받침 모두
① 롱 앤드 쇼트S
① 롱 앤드 쇼트S
⑤ 잎 모두

● 두더지

[재료]

자수실

■ 분홍색 ... 105
☐ 연노란색 ... 297
　갈색 ... 368
☐ 하늘색 ... 372
■ 진갈색 ... 477
■ 연녹색 ... 897

⑬ 불리온 로즈S
　┌ 안쪽 불리온 노트S
　└ 바깥쪽 불리온S
⑭ 잎 모두
①
⑮ 눈 프렌치 노트S 1번 감기
② 나비 넥타이
③
④ 왼쪽 소매
⑥
⑨
⑯ 단추 372
　프렌치 노트S
　1번 감기
⑫
⑦
⑤ 손
⑩
⑧ 오른쪽 소매
⑪

● 꽃

[재료]

자수실

☐ 연보라색 ... 261
■ 진갈색 ... 477
　하늘색 ... 552

① 꽃술 주위 아우트라인S
② 꽃술 중심 카우치드 트렐리스S
③ 꽃잎 모두 3가닥
　체인S 1땀
④ 잎 모두 3가닥 체인S 1땀

[수놓기]

모두 2가닥, 지정 이외 새틴S

● 엄지공주
[재료]

자수실

☐ 파란색 ... 214
☐ 연보라색 ... 261
☐ 연노란색 ... 297
☐ 연주황색 ... 341
▨ 갈색 ... 368(머리카락)
■ 청록색 ... 897
☐ 흰색 ... 2500

● T
[재료]

자수실

☐ 파란색 ... 214
☐ 연노란색 ... 297
■ 청록색 ... 897

○ p.1 속표지 배색

자수실

물색 ... 523
연갈색 ... 711
빨간색 ... 798

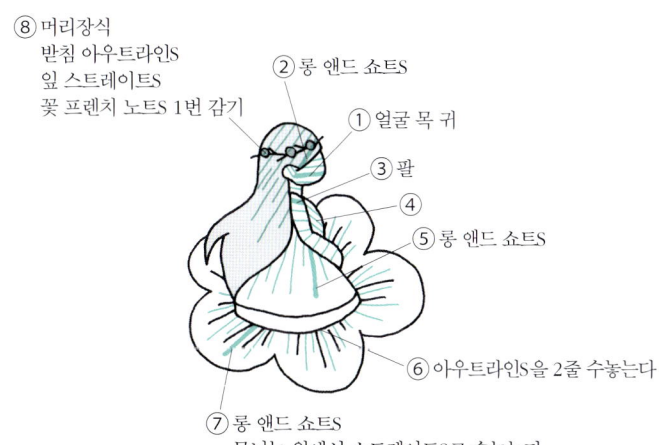

⑧ 머리장식
　받침 아우트라인S
　잎 스트레이트S
　꽃 프렌치 노트S 1번 감기

② 롱 앤드 쇼트S
① 얼굴 목 귀
③ 팔
④
⑤ 롱 앤드 쇼트S
⑥ 아우트라인S을 2줄 수놓는다
⑦ 롱 앤드 쇼트S
　무늬는 위에서 스트레이트S로 수놓는다

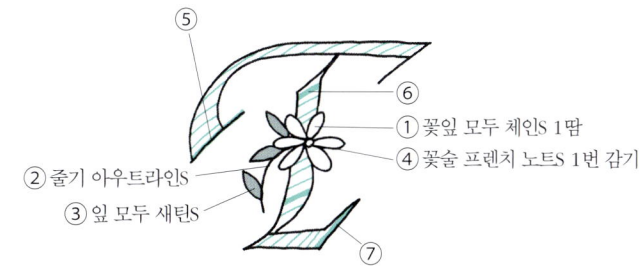

⑤
⑥
① 꽃잎 모두 체인S 1땀
④ 꽃술 프렌치 노트S 1번 감기
② 줄기 아우트라인S
③ 잎 모두 새틴S
⑦

이니셜 수놓기

◇◇◇◇◇◇◇◇◇◇◇◇◇◇◇◇◇◇◇◇◇◇◇◇◇◇◇◇◇◇◇◇◇◇◇◇

글자가 중요하니까 글자부터 수놓고 싶은 게 당연합니다. 하지만 글자를 수놓은 다음 꽃을 가닥쳐서 놓는 건 무척 어렵습니다. 사실 거의 불가능합니다. 글자를 쓰는 순서는 잊고 도안에 집중하세요.
먼저 꽃을 수놓습니다. 꽃이 들어갈 공간은 비워 두고 글자를 먼저 수놓으려면 대단한 기술이 필요합니다. 그림으로 가닥쳐 있는 도안은 '앞에 있는 것=형태가 전체적으로 모두 보이는 것'을 먼저 수놓은 후 꽃잎 사이를 채우듯 글자를 수놓습니다.

엄지공주 꽃 브로치| *Thumbelina*

Photo p.27

● 딸기꽃/꽃 왈츠/프리지어

[재료]

자수실

☐ 흰색 ... 100
☐ 회색 ... 155
▨ 분홍색 ... 352
▨ 파란색 ... 375
　연녹색 ... 562
☐ 연노란색 ... 3297

[수놓기]

지정 이외 2가닥
지정 이외 새틴S

[크기]

세로 6.5cm×가로 5cm
타원형 나무틀 브로치

○ 표지 배색

자수실

흰색 ... 100
파란색 ... 165
분홍색 ... 504
연녹색 ... 562

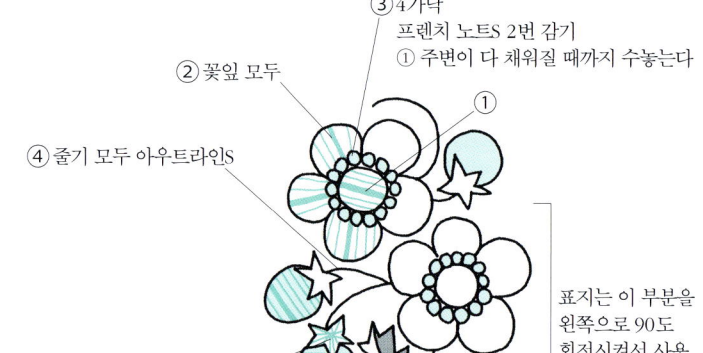

[딸기꽃]

③ 4가닥
프렌치 노트S 2번 감기
① 주변이 다 채워질 때까지 수놓는다
② 꽃잎 모두
①
④ 줄기 모두 아웃트라인S
❶
❷

표지는 이 부분을
왼쪽으로 90도
회전시켜서 사용

긴 부분을 먼저 수놓고 나서 이것을
가이드선으로 삼아 그 사이를 채운다

[꽃 왈츠]

② 프렌치 노트S 2번 감기
③ 스트레이트S
① 꽃잎 모두
④ 아웃트라인S
⑤ 잎 모두
④
❶
❸
③ 아웃트라인S
❷ 아웃트라인S
②
⑤
① 1cm 이상은 롱 앤드 쇼트S

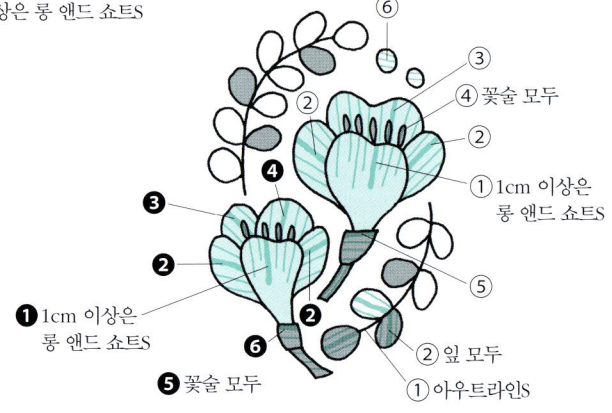

[프리지어]

⑥
③
② ④ 꽃술 모두
② ②
❹ ① 1cm 이상은 롱 앤드 쇼트S
❸
❷ ⑤
❶ 1cm 이상은 롱 앤드 쇼트S
❻ ② 잎 모두
❺ 꽃술 모두 ❷
① 아웃트라인S

이상한 나라의 앨리스 *Alice in Wonderland*

Photo p.30

이 도안은 축소한 것입니다.
120% 확대해서 사용하세요.

[재료]

자수실

- ☐ 갈색 ... 128
- ☐ 회색 ... 171A
- ☐ 자주색 ... 225
- ☐ 연주황색 ... 341
- ☐ 연갈색 ... 366
- ☐ 갈색 ... 369
- ◼ 파란색 ... 375
- ☐ 살색 ... 484A
- 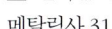 진분홍색 ... 503
- ☐ 검정색 ... 600
- ☐ 청록색 ... 897
- ☐ 베이지 ... 1000
- ☐ 보라색 ... 2262
- ☐ 흰색 ... 2500

메탈릭사 31

이상한 나라의 앨리스 *Alice in Wonderland*

Photo p.30

[수놓기]

지정 이외 2가닥, 지정 이외 새틴S

●체셔캣

[재료]

자수실

☐ 회색 ... 171A
☐ 검정색 ... 600
☐ 보라색 ... 2262
☐ 흰색 ... 2500

●나비와 앨리스

[재료]

자수실

☐ 갈색 ... 128
☐ 자주색 ... 225
☐ 연주황색 ... 341
☐ 연갈색 ... 366 (머리카락)
☐ 갈색 ... 369
☐ 파란색 ... 375
☐ 검정색 ... 600
☐ 흰색 ... 2500

●하트 여왕

[재료]

자수실

☐ 회색 ... 171A
☐ 연주황색 ... 341
☐ 갈색 ... 369
☐ 파란색 ... 375
☐ 진분홍색 ... 503
☐ 검정색 ... 600 (눈)
☐ 베이지 ... 1000 (왕관)
☐ 흰색 ... 2500

[입 수놓기]

ⓐ 흰색 부분
ⓒ 세로선 1가닥 스트레이트S
ⓑ 테두리 선 1가닥 아우트라인S

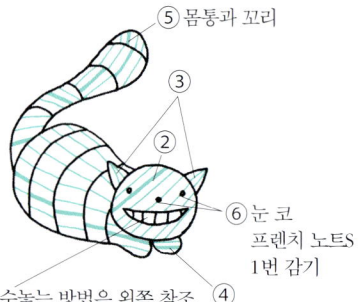

⑤ 몸통과 꼬리
③
②
⑥ 눈 코 프렌치 노트S 1번 감기
④
① 수놓는 방법은 왼쪽 참조

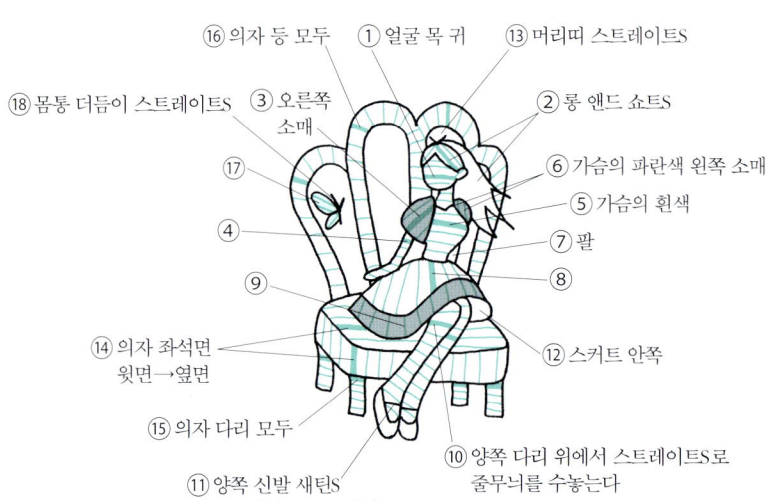

⑯ 의자 등 모두
① 얼굴 목 귀
⑬ 머리띠 스트레이트S
⑱ 몸통 더듬이 스트레이트S
③ 오른쪽 소매
② 롱 앤드 쇼트S
⑰
⑥ 가슴의 파란색 왼쪽 소매
④
⑤ 가슴의 흰색
⑨
⑦ 팔
⑧
⑭ 의자 좌석면 윗면→옆면
⑫ 스커트 안쪽
⑮ 의자 다리 모두
⑩ 양쪽 다리 위에서 스트레이트S로 줄무늬를 수놓는다
⑪ 양쪽 신발 새틴S 스트라이프 스트레이트S

① 얼굴 목 귀
⑮
⑭ 프렌치 노트S 1번 감기
②
③ 양쪽 옷깃
④ 장식
⑥
⑤ 양쪽 가슴
⑧ 양쪽 손
⑦ 양쪽 소매
⑬ 스트레이트S
⑨
⑫
⑩ 줄무늬는 동일한 색상을 이어서 놓으면 좋다
⑪

[수놓기]

지정 이외 2가닥, 지정 이외 새틴S

● 전령사 토끼

[재료]

자수실

- □ 흰색 ... 100
- ▨ 파란색 ... 375
- ▨ 진분홍색 ... 503
- □ 검정색 ... 600
- □ 청록색 ... 897
- □ 흰색 ... 2500

● 시계 토끼

[재료]

자수실

- ▨ 파란색 ... 375
- ▨ 진보라색 ... 484A
- □ 검정색 ... 600
- □ 청록색 ... 897
- □ 흰색 ... 2500

메탈릭사 31

○ p.1 속표지 배색

자수실

흰색 ... 100
파란색 ... 165
분홍색 ... 504
옅은 녹색 ... 562
검정색 ... 895

● 모자 장수

[재료]

자수실

- □ 회색 ... 171A
- □ 연주황색 ... 341
- □ 갈색 ... 369
- ▨ 파란색 ... 375
- ▨ 진분홍색 ... 503
- □ 흰색 ... 2500

[나비 넥타이 수놓기]

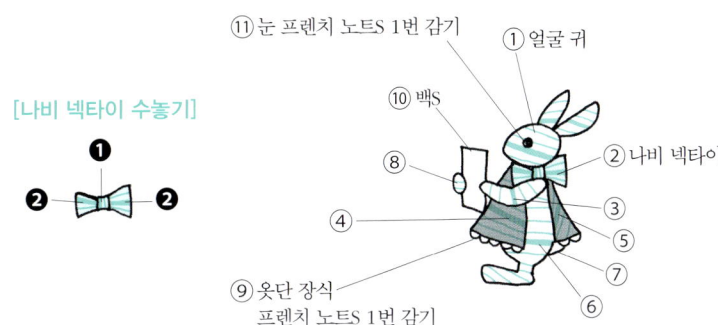

⑪ 눈 프렌치 노트S 1번 감기
① 얼굴 귀
⑩ 백S
② 나비 넥타이
⑧
③
④
⑤
⑨ 옷단 장식 프렌치 노트S 1번 감기
⑦
⑥

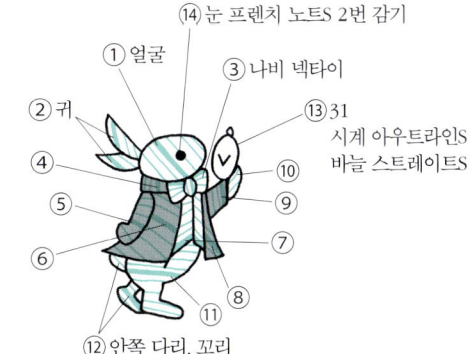

⑭ 눈 프렌치 노트S 2번 감기
① 얼굴
③ 나비 넥타이
② 귀
⑬ 31 시계 아우트라인S 바늘 스트레이트S
④
⑩
⑤
⑨
⑥
⑦
⑧
⑪
⑫ 안쪽 다리, 꼬리

③ 모자챙→흰색 부분→본체
① 얼굴 목 귀
② 머리카락
④ 나비 넥타이
⑦ 양쪽 팔
⑩
⑥ 손
⑯ 컵→손→소매
⑤ 주전자와 컵
⑪
⑧ 위쪽→허리의 흰부분→옷단
⑨ 오른쪽 재킷
⑫
⑮ 리본 모두
⑬ 양쪽 다리의 흰색 부분 위에서 스트레이트S로 줄무늬를 놓는다
⑭ 양쪽 신발

이상한 나라의 앨리스 Alice in Wonderland

Photo p.30

[수놓기]

지정 이외 2가닥, 지정 이외 새틴S

● **임금님**

[재료]

자수실

☐ 회색 ... 171A
☐ 연주황색 ... 341
☐ 갈색 ... 369
▧ 파란색 ... 375
　 진분홍색 ... 503
☐ 검정색 ... 600
☐ 베이지 ... 1000(왕관)
☐ 흰색 ... 2500

● **벌레**

[재료]

자수실

☐ 갈색 ... 128
☐ 자주색 ... 225
▧ 파란색 ... 375
☐ 검정색 ... 600
☐ 청록색 ... 897
☐ 베이지 ... 1000

● **앨리스와 백합**

[재료] 자수실

☐ 갈색 ... 128
☐ 연주황색 ... 341
☐ 갈색 ... 366(머리카락)
▧ 파란색 ... 375
☐ 검정색 ... 600
☐ 흰색 ... 2500

○ **p.1 속표지 배색**

자수실

연주황색 ... 341
물색 ... 523
검정색 ... 600
연갈색 ... 711
빨간색 ... 798
흰색 ... 2500

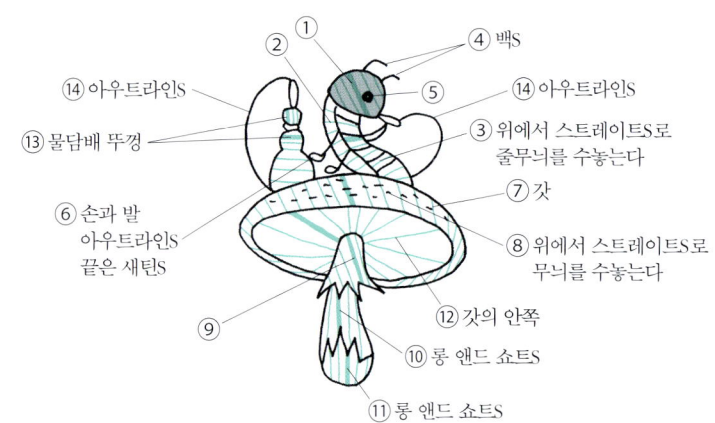

⑭ 눈
② 머리카락 수염
① 얼굴 목 귀
③ 왕관
⑤
④ 옷깃
⑧ 물방울 모두와 옷자락
⑬
⑥ 롱 앤드 쇼트S
⑨ 소매
⑦ 라인은 위에서 아우트라인S
⑪
⑩ 소매 라인 스트레이트S
⑫ 양쪽 신발

② ①
④ 백S
⑭ 아우트라인S
⑤
⑭ 아우트라인S
⑬ 물담배 뚜껑
③ 위에서 스트레이트S로 줄무늬를 수놓는다
⑥ 손과 발 아우트라인S 끝은 새틴S
⑦ 갓
⑧ 위에서 스트레이트S로 무늬를 수놓는다
⑫ 갓의 안쪽
⑨
⑩ 롱 앤드 쇼트S
⑪ 롱 앤드 쇼트S

⑪ 스트레이트S
② 롱 앤드 쇼트S
① 얼굴 목 귀
⑤
⑥ 리본
③
⑦ 앞치마 → 벨트 → 스키트 부분
④
⑫ 꽃잎 모두
⑬ 꽃술은 1가닥 스트레이트S
⑧
⑮ 잎 모두
⑨ 양쪽 다리의 흰색 부분 위에서 스트레이트S로 줄무늬를 수놓는다
⑭ 줄기 아우트라인S
⑩ 양쪽 신발

●숫자

[재료]

자수실

☐ 회색 ... 171A

▨ 파란색 ... 375

☐ 진분홍색 ... 503

☐ 흰색 ... 100

[수놓기]

지정 이외 2가닥

지정 이외 새틴S

숫자는

① 로즈 불리온S

② 잎 새틴S

③ 숫자 부분의 순서로 수를 놓는다

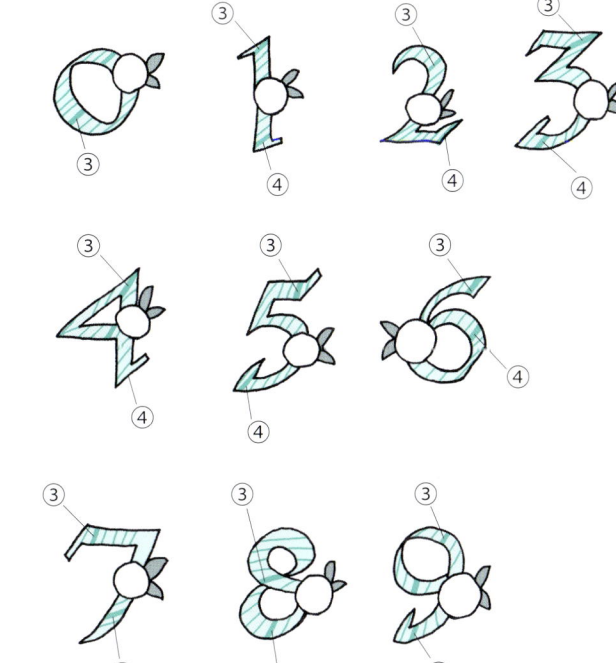

●트럼프 마크

[재료]

자수실

▨ 진분홍색 ... 503

[수놓기]

지정 이외 2가닥

지정 이외 새틴S

 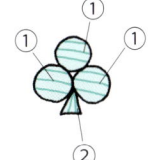 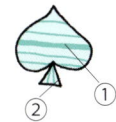 

이상한 나라의 앨리스 **앨리스 북 커버** *Alice in Wonderland*

Photo p.31

[재료]

자수실

파란색 ... 166
☐ 갈색 ... 311(체인S)
☐ 연주황색 ... 341
☐ 갈색 ... 369
■ 파란색 ... 375
☐ 검정색 ... 600
☐ 빨간색 ... 858
☐ 흰색 ... 2500
☐ 빨간색계열 그러데이션 ... 8044
　　(cosmo Seasons)

메탈릭사 31
(카우칭S 장식)

[수놓기]

지정 이외 2가닥
지정 이외 새틴S

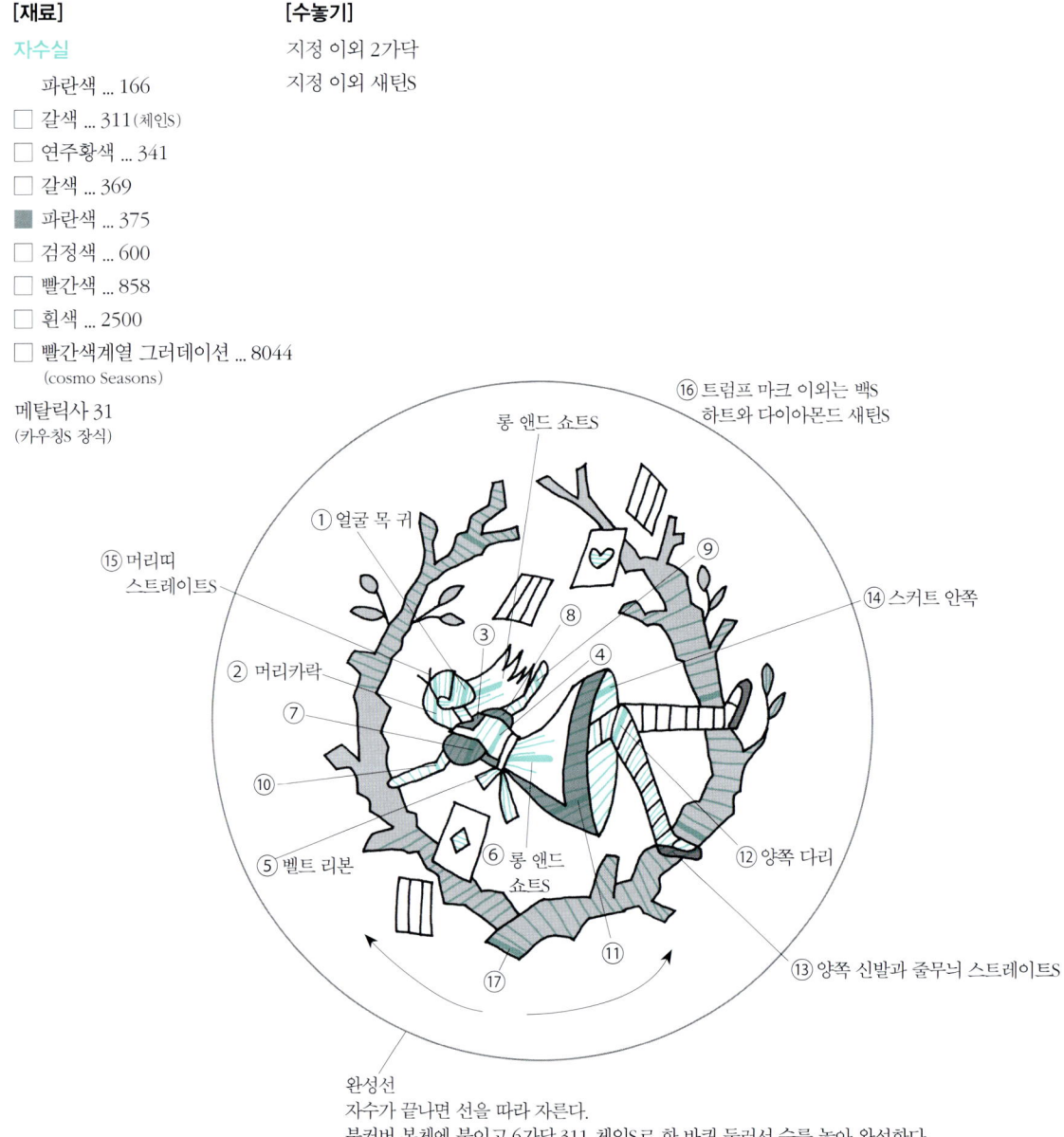

롱 앤드 쇼트S

⑯ 트럼프 마크 이외는 백S
　하트와 다이아몬드 새틴S

① 얼굴 목 귀

⑨

⑮ 머리띠
　스트레이트S

⑭ 스커트 안쪽

③

⑧

④

② 머리카락

⑦

⑩

⑤ 벨트 리본

⑥ 롱 앤드
　쇼트S

⑫ 양쪽 다리

⑪

⑰

⑬ 양쪽 신발과 줄무늬 스트레이트S

완성선
자수가 끝나면 선을 따라 자른다.
북커버 본체에 붙이고 6가닥 311 체인S로 한 바퀴 둘러서 수를 놓아 완성한다.

북커버 마무리
Photo p.31

1 겉감 1장, 안감 1장을 자른다.

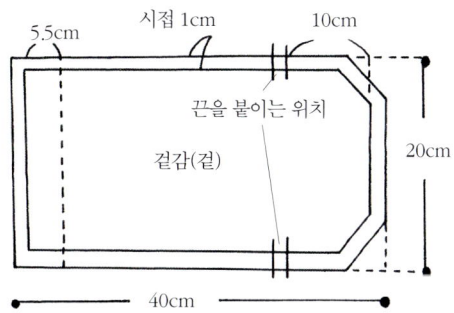

5.5cm 시접 1cm 10cm
끈을 붙이는 위치
겉감(겉)
20cm
40cm

2 겉감에 카우칭S를 수놓고, 미리 수놓은 다른 천을 잘라 붙인다. 리본은 겉감에 바느질해서 고정한다.

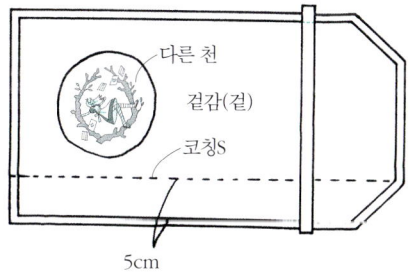

다른 천
겉감(겉)
코칭S
5cm

3 2장의 겉면끼리 맞대고 한쪽 가장자리만 바느질한다. 삽입하는 부분을 그림처럼 접어넣고, 창구멍만 남기고 바느질한다.

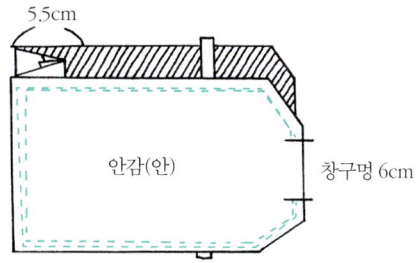

5.5cm
안감(안)
창구멍 6cm

4 겉으로 뒤집고 삽입하는 부분은 겉감 안쪽으로 안감을 접어 넣는다. 창구멍을 바느질하여 막는다.

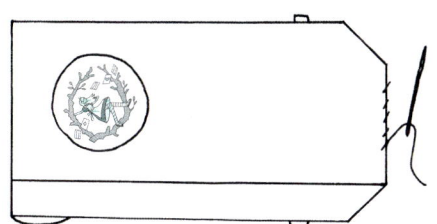

접착심지 부분 사용

얇은 천에 수를 놓을 때, 천의 느낌은 그대로 유지하면서 수놓은 부분의 뒤쪽만 보강하는 방법입니다.

① 도안을 그린 천과 얇은 접착심지를 가닥쳐서 자수틀에 끼운다. (접착면은 천 쪽)

② 자수를 완성한 후, 뒤쪽의 접착심지만 자수의 가장자리에서 바깥쪽으로 1~2mm 여유를 두고 자른다.

※ 다림질은 평소처럼 뒷면에 한다.

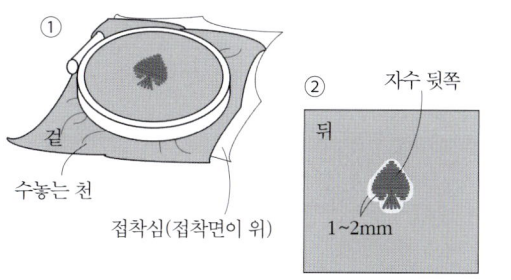

①
겉
수놓는 천
접착심(접착면이 위)

②
자수 뒷쪽
뒤
1~2mm

속표지 도안 *Photo p.01*

◀p.52

[재료]

자수실

☐ 연주황색 ... 341

☐ 물색 ... 523

■ 갈색 ... 578

☐ 검정색 ... 600

☐ 연갈색 ... 711

▨ 빨간색 ... 798

☐ 흰색 ... 2500

[수놓기]

이 도안은 축소한 것입니다.
120% 확대해서 사용하세요.
수놓는 방법은 게재 페이지를
참고하세요.

▼p.73

▲p.85

◀p.66

◀p.61

▼p.51

◀p.58

◀p.63

▲p.72

▲p.90

차례 실물 크기 도안

Photo p.2~3

● 왕관

[재료]

자수실

검정색 ... 895

메탈릭사 31

● 어린 왕자와 장미

[재료]

자수실

- 진분홍색 ... 106
- 황록색 ... 117
- 연노란색 ... 297 (머리카락)
- 연주황색 ... 341
- 갈색 ... 476
- 청록색 ... 898

메탈릭사 31

④ 가는 선
1가닥 백S

⑤ 1가닥 백S

② 굵은 선
아우트라인S

① ③

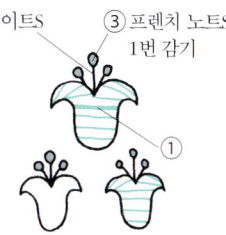

● 백합

[재료]

자수실

연노란색 ... 297

파란색 ... 375

② 스트레이트S

③ 프렌치 노트S
1번 감기

①

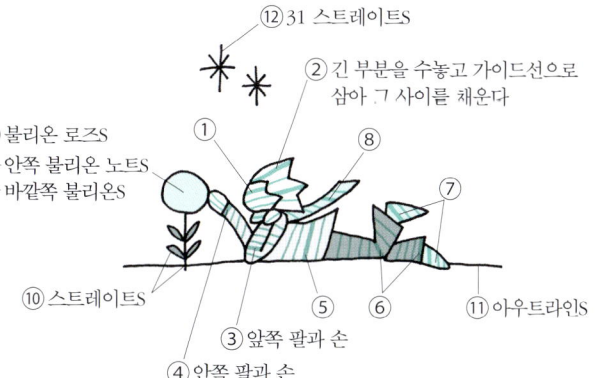

⑫ 31 스트레이트S

② 긴 부분을 수놓고 가이드선으로
삼아 ﹁ 사이를 채운다

⑨ 불리온 로즈S
┌ 안쪽 불리온 노트S
└ 바깥쪽 불리온S

① ⑧ ⑦

⑩ 스트레이트S

③ 앞쪽 팔과 손

④ 안쪽 팔과 손

⑤ ⑥ ⑪ 아우트라인S

이 책을 집필할 때 참고로 한《안나의 작은 자수 도안》도 여러분께 많은 사랑을 받았습니다. 책이 절판되고 나서도 많은 문의를 주신 덕분에 새로운 편집으로 다시 선보이게 되었습니다.

이 책을 통해 제가 자수를 시작할 무렵부터 늘 도전하고 싶었던 '동화책 모티브로 구성된 한 권'의 소원을 이루었습니다. 알기 쉽도록 자수 도안을 대폭 수정하고 새로운 도안을 많이 추가하여 풍성하게 구성했습니다.

이렇게 여러분과 함께 나눌 수 있게 되어 정말 기쁩니다. 이 책을 위해 애써주신 모든 분께 감사 인사를 전합니다.

가와바타 안나

작고 아름다운 캐릭터 자수

1판 1쇄 인쇄 2022년 6월 23일
1판 1쇄 발행 2022년 6월 30일

지은이 가와바타 안나
옮긴이 이은정
감　수 김태연

발행인 박주란
디자인 임현주

등　록 2019년 7월 16일(제406-2019-000079호)
주　소 경기도 파주시 문발로 197 1층 102호
연락처 070-8957-7076 / sowonbook@naver.com

ISBN 979-11-91573-09-1 13630